2025년
대한민국 아파트,
2차 폭락이
시작된다!

2025년
대한민국 아파트,
2차 폭락이
시작된다!

초판 발행일	2024년 8월 28일
2쇄 발행일	2024년 9월 30일

지은이	엘리엇		
펴낸이	손형국		
펴낸곳	(주)북랩		
편집인	선일영	편집	김은수, 배진용, 김현아, 김다빈, 김부경
디자인	이현수, 김민하, 임진형, 안유경	제작	박기성, 구성우, 이창영, 배상진
마케팅	김회란, 박진관		
출판등록	2004. 12. 1(제2012-000051호)		
주소	서울특별시 금천구 가산디지털 1로 168, 우림라이온스밸리 B동 B111호, B113~115호		
홈페이지	www.book.co.kr		
전화번호	(02)2026-5777	팩스	(02)3159-9637

ISBN	979-11-7224-269-5 13320 (종이책)	979-11-7224-270-1 15320 (전자책)

(주)북랩 성공출판의 파트너

북랩 홈페이지와 패밀리 사이트에서 다양한 출판 솔루션을 만나 보세요!

홈페이지 book.co.kr   •   **블로그** blog.naver.com/essaybook   •   **출판문의** book@book.co.kr

작가 연락처 문의 ▸ ask.book.co.kr

작가 연락처는 개인정보이므로 북랩에서 알려드릴 수 없습니다.

국가기관의 통계조작 뒤에 가려진 위험한 현실!
5,050개 아파트 실거래가의 불편한 진실!

2025년 대한민국 아파트, 2차 폭락이 시작된다!

엘리엇 **지음**

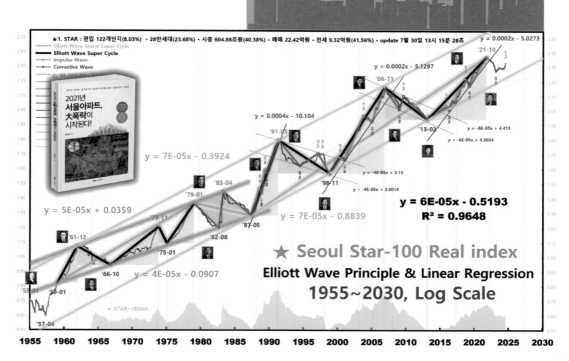

2021년 大상투 이후 8년 조정은 현재 진행형, 반등 B파가 끝나간다!

서울아파트는 살아있는 생명체다.
이미 내재되어 있는 유전자 지도에 따라 상승과 하락을 반복한다.

이 책에서는 필자가 개발한 El-Chart 분석을 통하여
그 유전자 지도를 추적하며
이미 2021년부터 시작된 서울아파트의 -52% 대폭락에 대비할 것을 주장한다.

그리하면 8년 여간의 대세하락이 마무리되는 2028년 전후에는
또 다시 새로운 상승파동이 시작될 것이다.

* 필자 "엘리엇"은 연세대학교 경영학과를 졸업하고 삼성증권과 하나금융 등에서 증권/선물 영업 및 리서치 업무를 하였으며, 이때 익혔던 금융 상품의 기술적 분석과 통계 분석 기법을 최근의 부동산 시장에 적용하며 서울아파트 시장 분석에 새로운 방법론을 제시한다.

2021년 상투 이후
8년 대세하락은 현재 진행형!

3년 전 출간된 "2021년 서울아파트, 大폭락이 시작된다!"에서 필자는 다음과 같은 분석을 내놓았었다.

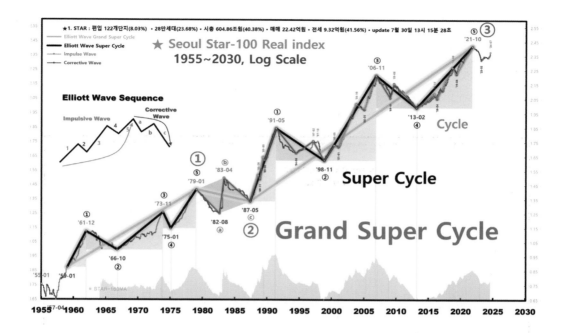

　필자가 개발한 EL-Chart(시가총액 상위 아파트 서울 1,520개, 전국 5,050개)의 실거래가 일일 지수를 '엘리어트 파동 이론'에 적용하면, 1958년 시작된 서울아파트 매매가 실질지수의 그랜드 슈퍼사이클 1파는 1979년까지 21년간의 상승파동을 거친 후 1987년까지 8년간의 조정기를 거쳤다.

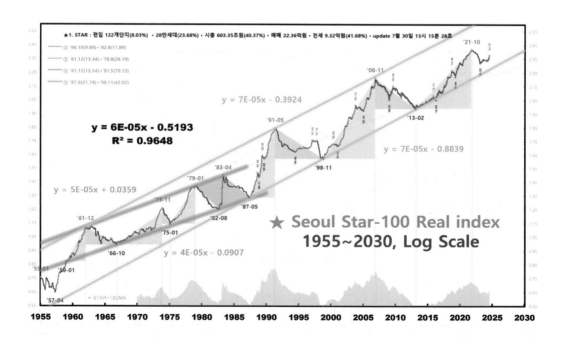

이때 형성된 추세선과 지지선은 수십 년이 지난 현재까지도 중요한 맥점마다 그 영향력을 행사하고 있으며 필자가 예상하는 2028년 전후의 최종 저점도 이 범주 안에서 형성될 것으로 예상된다.

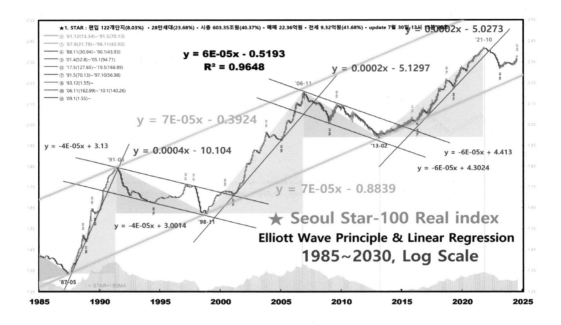

특히 1991년과 2007년 주추세선이 무너졌을 때와 동일하게 이번에도 2022년 초에 9년간의 주추세선이 무너지며 전국 아파트는 대폭락을 경험했다.

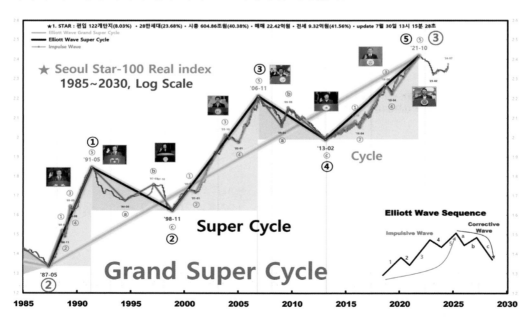

다시 파동 이론으로 돌아가서, 이후 1987년 5월 다시 시작된 그랜드 슈퍼사이클 3파는 필자의 예측대로 3년 전인 2021년 10월, 34년여 간의 상승파동을 마감한 후 급락 조정을 거친 후 최근 1년 넘게 반등세를 보이고 있다. 그러나 이러한 반등세는 조만간 그 수명을 다하고 재차 2028년 전후까지 4년여 간의 추가 조정기에 들어설 것으로 예상된다.

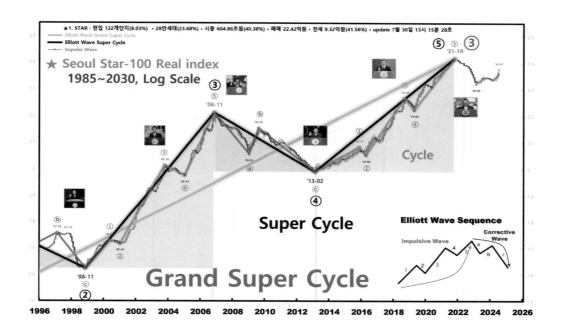

여기서 주목할 부분은, 2013년 1월 이후 2021년 10월까지 9년간의 슈퍼사이클 5파는 1998년 11월 이후 8년간의 슈퍼싸이클 3파와 매우 흡사한 패턴을 보였으나 최근의 5파는 그 강도와 기울기가 상대적으로 약한 모습이었다.

2024.6

2025~2026년 집값 폭등 가능성

주택 공급물량 감소세가 지속될 경우 2025~2026년에 집값이 폭등할 수 있다는 연구 결과가 나왔다.

폭락하던 서울아파트값이 반등을 시작한 지 1년이 넘어가자 이러한 상승세는 내년 이후에도 큰 폭 상승으로 이어질 가능성이 있다는 한 연구기관의 보고서가 나왔다. 지난 6월의 주택산업연구원 보고서인데 2025년부터 서울아파트는 재차 폭락할 것이라는 필자의 주장과는 완전 배치되는 전망이다.

그런데 동 연구원은 2022년도를 전망했던 보고서에도 필자의 저서와는 반대로 상승을 전망해 폭락을 예상하지 못했기 때문에 이번 전망도 신뢰하기는 어렵다.

2024.7

서울 아파트값 최소 2~3년은 오름세

부동산 전문가에 따르면, 2024년 하반기에 서울 아파트값이 3~4% 상승할 것으로 보인다.

부동산 전문가들도 일제히 상승 전망을 내놓고 있는데 최근 너무 일방적인 전망들로 도배되는 것을 보면 이러한 분위기에서 한 발짝 떨어져 그 반대의 상황도 점검해야 한다.

필자가 예상하는 이번 반등 B파동의 고점은 올해 8월~12월 사이에 출현할 것으로 보는데 실제 체감되는 본격적인 대세하락 C파동은 내년부터 3~5년간 진행될 것으로 예상된다. 이 책에서는 원고를 넘기기 직전인 7월 말 데이터로 모든 차트를 만들었으나 시장 상황에 따라 고점 시기는 내년 초로 늦어질 수도 있음을 미리 밝혀 둔다.

그러나 고점이 언제가 되었든 그 이후의 조정파동은 2022년의 폭락세뿐 아니라 우리가 지난 수십 년 동안 겪었던 그 어느 때보다도 강력할 가능성이 크다. 따라서 다주택자뿐만 아니라 실거주 목적의 1주택자라도 과도한 레버리지를 사용하고 있다면 서울아파트 매매가의 두 번째 급락으로 인해 자칫 한계상황에 처할 수도 있으니 이를 경계하고자 하는 바가 이 책의 주된 목적이다. 여기에 더해 서울아파트의 반등세를 뒤따라 전국 아파트도 반등세를 보이고는 있으나 서울아파트의 2차 폭락과 함께 전국 아파트도 그 영향에서 벗어날 수 없을 것이라고 판단되어 이에 대한 대비도 철저하게 준비하기를 바라는 바이다.

또한 이 책에서는 파동 이론뿐만 아니라 각종 부동산 시계열 데이터와 경제 및 정치, 사회, 심리지표 등 최대한의 통계자료를 분석하여 현재의 반등파동이 종료되고 다시 시작될 본격 하락추진파인 슈퍼사이클 C파동을 대비할 것을 논하고자 한다.

2

신비로운 서울아파트
'엘리어트 파동', 이승만과 서울아파트!

대한민국 최초 아파트 종암아파트 전경
출처 : 중앙산업(주)
www.heights.co.kr

　1958년 11월, 이승만 대통령은 서울 성북구 종암동 종암아파트 낙성식에서 "이렇게 편리한 수세식 화장실이 종암아파트에 있습니다. 정말 현대적인 아파트입니다."라는 축사를 하였다. 우리나라 최초의 아파트인 종암아파트가 바로 65년간의 우리나라 아파트 시장의 "엘리어트 파동" 시발점인 것이다.

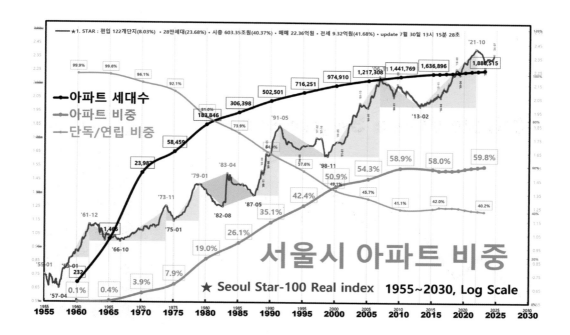

이때부터 서울의 아파트 역사가 시작됐으며 1970년대 후반 아파트 비중이 10%를 넘으며 아파트 공급이 급증했다. 위 차트는 1955년 이후 유형별 주택 수와 비중을 서울아파트 실질지수와 함께 로그 차트로 표시한 것이다. 현재 서울에서 아파트 수는 189만여 채이며 비중은 59.8%다.

필자는 지난 60여 년간의 서울아파트 매매가 추이를 연구해 본 결과 여러 가지 금융상품의 파동 이론 중 상승 5파와 하락 3파를 이루며 끊임없이 등락을 반복하는 특성을 갖고 있는 엘리어트 파동 이론이 우리나라 서울아파트 매매지수에 놀라우리만치 잘 맞아 떨어진다는 사실을 발견하고 여러 날 놀랐었다.

그럼 우선 이 엘리어트 파동 이론의 원리를 잠시 살펴보고 이를 우리 서울아파트 시장에 대입해 보기로 한다.

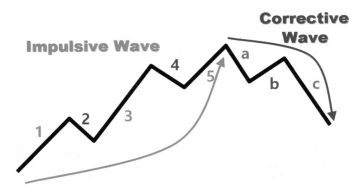

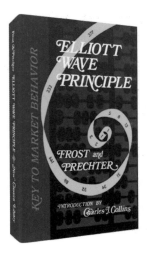

엘리어트 파동 이론(Elliott Wave Theory)을 도식화하면 위와 같다.

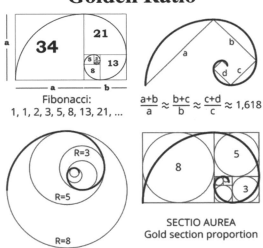

이 이론에서는 하나의 순환주기에서 상승파동은 5개로, 조정파는 3개로 이루어지고 각각의 하위파동을 세분해 보면 또한 같은 구조가 된다고 전제한다.

상승파동 중 1, 3, 5 파동은 충격파(Impulsive wave)로 강력한 상승추세를 이루고 이 중에서도 보통은 3파가 가장 강하다. 그리고 2, 4 파동은 조정파(Corrective wave)인데 과도하게 상승한 직전파동을 일정 부분 되돌리는 경우라 그 강도는 약한 편이다.

조정파동 중 a, c 파동 또한 충격파(Impulsive wave)로 강력한 하락추세를 이루고 b 파동은 조정파로(Corrective wave)로 과도하게 하락한 직전파동을 일정 부분 되돌리는 경우라 약한 편이지만 의외로 강력한 반등이 나타날 때도 있다.

그리고 각각의 파동이 상승 또는 반등을 할 때면 38.2% 또는 61.8%의 피보나치 황금비율이 적용될 때가 많다.

그러나 아직 많은 부분에 적용해 보지 못했던 이유로 엘리어트 파동 이론이 금융상품에서처럼 디테일한 부분까지 부동산 시장에도 적용되는 것 같지는 않다.

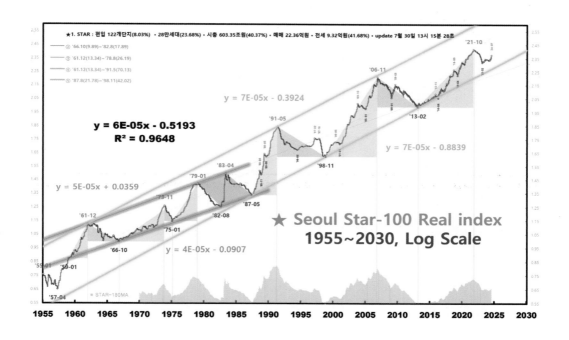

이 책의 서두에서 언급했듯이 위 차트는 1958년 이후 서울아파트의 최장기 매매가 실질지수이다. 2006년 이후부터는 국토부 실거래가 상위 122개 단지, 1988년 이후는 KB와 부동산뱅크의 개별아파트 중위시세, 1979년 이후는 KB지수와 은마아파트 등을 합성, 또 그 이전까지는 델러스연방은행의 한국 주택가격지수를 역산한 것으로 모든 지수는 소비자물가지수(CPI)로 나누어 실질지수화한 것이다.

이 차트를 로그화하여 선형회귀분석과 추세분석을 해 보면 서울아파트의 매매가 흐름은 놀라우리만치 하나의 추세대 내에서 움직이며 중요한 지점마다 지지와 저항에 충실했던 모습을 발견할 수 있다. 그리고 수십 년이 지난 현재까지도 서울아파트의 흐름은 초장기 추세선들의 영향권 하에 있다.

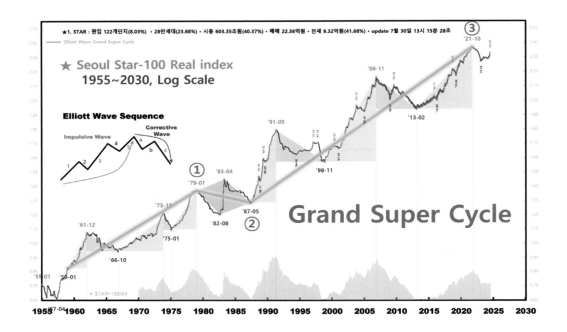

이 차트에 엘리어트 파동 이론을 적용하면 일단 가장 상위의 파동인 Grand Super Cycle이 생성된다. 필자는 1958년부터 1979년까지 21년간의 상승파동을 1파, 1979년부터 1987년까지 8년간의 불규칙파동을 조정 2파, 1987년부터 2021년까지 34년간의 상승파동을 3파로 카운팅하였다.

최초의 상승 1파는 1958년부터 1979년까지 21년간 +251% 상승을 이뤘다. 당시에는 아파트 보다 주택의 비중이 훨씬 더 높던 시절이었다.

1987년 5월부터 2021년까지 34년여 간의 상승 3파동은 저점 대비 +1,107%나 폭등을 하였으며 직전의 상승 1파에 비해 4.4배나 더 큰 상승을 하였다

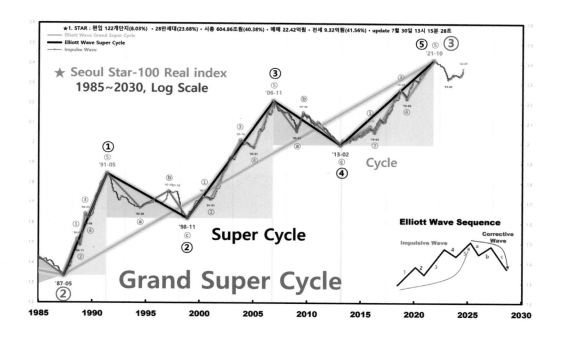

1987년부터 2021년까지의 하위파동인 Super Cycle을 카운팅해 보면 최초의 파동인 상승 1파는 노태우 정부 시절에 만들어진 것으로 1987년 5월부터 1991년 5월까지 만 4년간의 단기간에 무려 +223%의 폭등세를 보였다.

1991년 고점부터 시작된 조정 2파는 IMF 위기를 맞으며 8년간 고점 대비 무려 -40.09%나 하락했다. 여기서 1파에 대한 되돌림 비율은 -43.6%였다.

1998년 11월, IMF 위기를 극복하며 대세상승에 들어선 서울아파트 지수는 2006년 11월 버블세븐이 터지기 직전까지 8년간 무려 +287% 폭등하여 1파의 노태우 정부 4년보다 상승 기간이 두 배나 더 길었고 상승률도 더 컸다.

즉, 3파의 상승 기간 8년은 1파 상승 기간 4년의 2배였으며 상승률은 1.29배로 조금 더 컸다. 또한 3파의 상승 기간과 2파의 조정 기간은 파동 카운팅에 포함된 연봉 캔들 수가 8개라는 대등수치가 적용되었다.

그리고 2006년 11월, 버블세븐이 터지며 조정 4파가 시작되었는데 하락추세로 돌아선 서울아파트 실질지수는 미국발 서브프라임 사태로 조정 A파를 거쳤고 잠시 반등하기도 하였으나 저축은행의 PF사태와 유럽 재정위기 등으로 재차 조정 C파동의 급락세를 보이며 2013년 1월, 박근혜 정부가 출범하기 직전까지 폭락을 하였다.

이 기간 조정 4파의 고점 대비 하락률은 -40.02%에 달해 IMF 당시의 조정 2파와 완전히 똑같은 하락률을 기록했다. 그러나 되돌림 비율은 2파의 -43.6%에 비해 4파가 -37.7%로 조금 더 작았다.

마지막 파동인 3년 전 마감한 상승 5파동은 2013년 1월 시작되어 2021년 10월 마감하였는데 노무현 정부 시절의 8년 1개월 상승 기간보다 9개월 더 길다. 마지막 9년간의 상승률은 +167.8%로 직전 3파의 58.3%, 1파의 75.1% 수준으로 가장 약한 상승파였다. 그리고 34년간의 그랜드 슈퍼사이클 3파동은 21년간의 그랜드 슈퍼사이클 1파동의 1.98배 상승한 것이다.

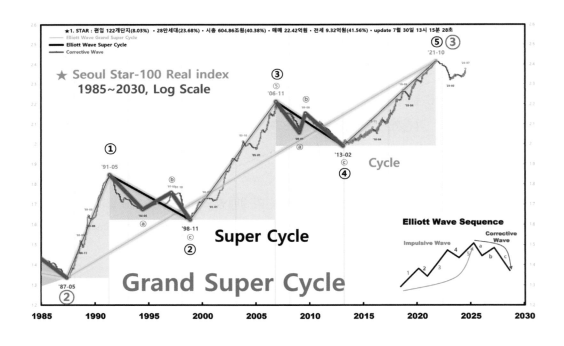

20 2025년 대한민국 아파트, 2차 폭락이 시작된다!

여기서 잠시 필자가 주장했던 2021년 상투 이후 하락의 형태는 지난 3년여 간 어떻게 진행되었으며 앞으로 어떤 흐름을 보일지 예측해 보고 넘어가겠다. 여기서는 우선 최악의 시나리오를 적용한 예측치를 먼저 살펴보고 추후 여타의 경우도 짚고 넘어가겠다.

엘리어트 파동 이론에서는 조정파를 고점 대비 하락이 아닌 이전 상승률에 대한 되돌림으로 본다. 따라서 이번 조정파를 직전 상승파였던 박근혜-문재인 9년 상승에 대한 되돌림이 아닌 34년 전체 상승에 대한 조정으로 보았을 때. 김영삼 2파와 이명박 4파와 비슷한 38.2% 정도를 되돌린다면 실질지수 기준으로 2013년 저점까지 떨어질 수도 있다는 것이다. 즉, 실질지수 기준으로는 2028년에 15년 전의 가격으로 폭락하게 된다는 것이다.

그렇게 계산하면 이번의 조정은 STAR 실질지수 기준으로 100pt. 부근이 저점이 되어 고점 대비 실질지수는 -61%, 명목지수로도 -47% 조정이라는 결과가 도출된다. 평균적으로 서울아파트 대부분이 고점대비 반토막이 된다는 충격적인 결과다. 여기서 물가지수는 8년 평균 +3%로 반영하였기에 물가지수의 추이에 따라 달라질 수는 있다.

앞으로의 조정파동 형태는 버블세븐 이후의 지그재그 조정파 형태를, 기간은 IMF 당시와 노무현 정부 상승기, 이명박 조정기와 이번 상승기 등 4차례의 평균치 8년 기간을 적용했다.

즉, 이번의 조정파동은 과거 노태우 정부 시절부터의 34년간 상승에 대한 되돌림으로 직전 파동 중의 마지막 파동인 문재인 정부 9년간의 상승 5파를 상당 부분을 되돌리는 수준이 될 것으로 예측이 된다. 이 예측을 독자들에게 받아들이라고 강요할 수는 없지만 필자의 많은 고민 끝에 나온 결과이다. 독자들도 폭등하는 서울아파트 시장에서 잠시 주변을 돌아보는 계기로 삼기를 바란다.

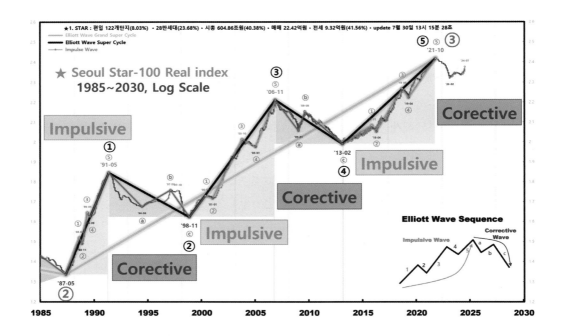

추가로 지금까지 살펴보았던 Super Cycle의 하위파동을 나름대로 카운팅해 보았다. 상 승파동은 충격파동으로 조정파동은 되돌림파동으로 이해하면 된다.

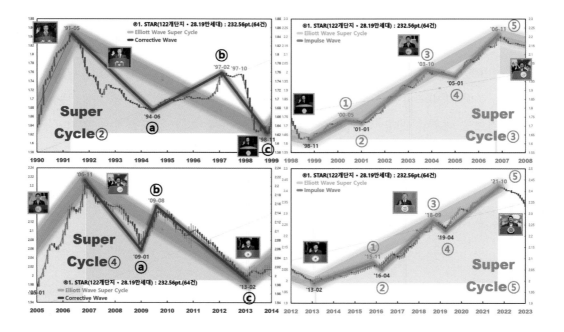

또한 각 파동의 구간을 정권별로 비교해 보면, 조정파동인 2파와 4파는 김영삼 정부 시절과 이명박 정부 시절에, 상승파동인 3파와 5파는 노무현 정부 시절과 문재인 정부 시절에 발생하였다.

이 책의 뒷부분으로 가면 위 차트에서도 보이는 서울아파트 시장에서의 '데자뷰 현상과 평행 이론'을 통해 이를 다시 살펴볼 예정이다.

3

국가기관의 '실거래지수' 통계조작팀, '일월팀'이 움직인다!

2023.3

7개월 만에 상승한 서울아파트 실거래가지수

규제완화되며 작년 6월 이후 첫 상승, '노도강' 동북권 눈에 띄어

서울아파트가 폭락을 거듭하며 공포에 휩싸였던 작년 3월 15일, 느닷없는 실거래가 상승 반전 뉴스가 보도되었다. 소수의 샘플링과 호가 중심의 주간동향조사는 단어 그대로 "동향"을 조사한 추정치인 반면 부동산원의 실거래가지수는 실제 신고된 계약서 전수를 대상으로 한다는 점에서 시장 참여자들에게 절대적인 신뢰를 주는 통계이다. 단지 1개월의 신고 기한과 가공 소요 시간에 따른 지연 발표로 1월 지수를 3월 15일에 알 수 있다는 것이 가장 큰 단점이다. 이것도 신고 기한을 2개월에서 1개월로 줄인 때는 서울아파트가 이미 8년 넘게 상승한 이후였다.

2018년 당시, 3개월 후에나 알 수 있었던 실거래가지수의 이런 단점을 극복하고자 매일 아침 필자가 직접 자료를 내려받아 가공하여 지수를 산출하고 있었다. 당시 한국감정원(현 한국부동산원) 외에 매일 실거래가지수 산출을 시작한 개인이나 기관은 필자가 최초일 듯하다. 그런데 시장이 최악으로 폭락하던 2023년 1월에 시장이 상승을 했다니 매일 아침마다 일일 지수를 산출하던 필자에게는 충격이 아닐 수 없었다.

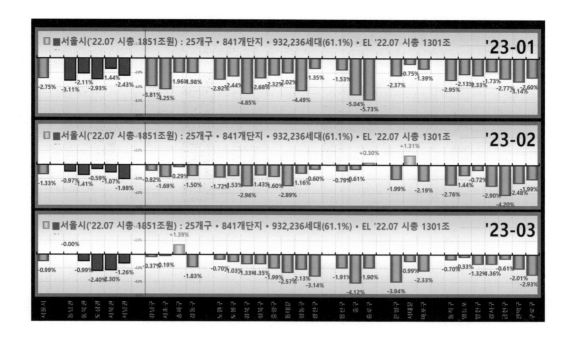

당시 3월까지의 서울아파트 월간 실거래가지수는 지속적인 폭락을 했었고 특히 1월은 -2.75%의 가장 큰 낙폭을 기록하고 있었다.

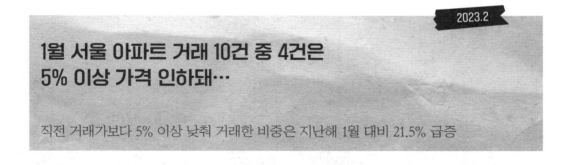

2023.2

1월 서울 아파트 거래 10건 중 4건은 5% 이상 가격 인하돼…

직전 거래가보다 5% 이상 낮춰 거래한 비중은 지난해 1월 대비 21.5% 급증

당시 2월 22일의 기사를 보면 1월 -5% 이상 폭락한 거래가 42%로 전년의 두 배에 달한다는 보도도 있었다. 이런 상황에서 1월에 아파트값이 올랐다니 믿을 수가 없었다.

2023년 1월 ★ 서울특별시		신규 1412건 :	+364건	-924건	상승 28.3%	서울 1412건

★	국토부 Data 다운로드 : 화~토(휴일은 순연)		1. 신규가격 / 동일 전용면적(㎡)				2. 직전가(2년)				
	소재 지역	아파트명(국토부)	연차	계약일	유형	전용㎡	층	거래금액	등락	등락률	층	거래금액	계약일
1	강남구	개포동	개포래미안포레스트	3Y	'23.01.05		59.920㎡	13층	158,000	-37,000	-19.0%	10층	195,000	'22.06
2	강남구	개포동	개포래미안포레스트	3Y	'23.01.14		59.920㎡	13층	166,000	-29,000	-14.9%	10층	195,000	'22.06
3	강남구	개포동	개포래미안포레스트	3Y	'23.01.20		59.920㎡	12층	167,000	-28,000	-14.4%	10층	195,000	'22.06
4	강남구	개포동	개포주공5단지	40Y	'23.01.03		74.250㎡	10층	210,000	-63,000	-23.1%	10층	273,000	'21.06
5	강남구	개포동	개포주공6단지	40Y	'23.01.13		83.210㎡	10층	230,000	+40,000	+21.1%	3층	190,000	'22.12
6	강남구	개포동	개포주공7단지	40Y	'23.01.03		83.700㎡	10층	200,000	-80,000	-28.6%	2층	280,000	'21.08
7	강남구	개포동	개포주공7단지	40Y	'23.01.15		83.700㎡	8층	245,000	-35,000	-12.5%	2층	280,000	'21.08
8	강남구	개포동	경남1	39Y	'23.01.02		166.480㎡	8층	290,000	-8,000	-2.7%	1층	298,000	'21.01
9	강남구	개포동	디에이치아너힐즈	4Y	'23.01.07		59.748㎡	10층	186,500	-40,500	-17.8%	3층	227,000	'22.05
10	강남구	개포동	래미안블레스티지	4Y	'23.01.02		49.909㎡	10층	129,000	-50,000	-27.9%	6층	179,000	'21.09
11	강남구	개포동	래미안블레스티지	4Y	'23.01.12		59.897㎡	5층	167,400	-57,600	-25.6%	13층	225,000	'21.08

실제 매일 아침마다 엑셀 매크로 작업을 하며 전월대비 등락 거래를 분석하던 필자의 자료에는 1월 서울아파트 1,412건의 계약 중 상승거래는 364건인 반면 하락거래는 924건으로 상승거래 비중이 28.3%에 불과했으며 낙폭도 20~30%를 넘는 폭락거래가 아주 많았다.

실제 가나다순으로 소팅이 되던 1월 실거래가의 첫 페이지만 봐도 강남구 개포동의 개포주공7단지의 전용 83타입은 직전 거래인 28억 원에 비해 8억 원이 폭락, -28.6%를 기록했으며, 4년 차 최신축의 래미안블레스티지 전용 49타입도 17.9억 원의 직전 거래에 비해 7개월만에 4억 원이 폭락해 -27.9%의 폭락세를 기록했다. 1,412건의 1월 거래 중 -50%를 기록한 거래도 상당수가 있었다.

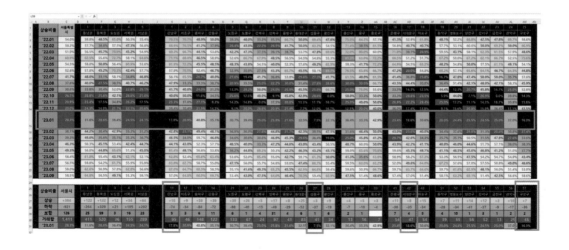

또한 1월 서울아파트 거래 중 폭락세가 가장 컸던 상승거래 비중은 성동구의 7.5%로, 하락거래 37건에 비해 상승거래는 3건뿐이었으며 서대문구도 하락 35건, 상승 8건으로 18.6%, 구로구도 하락 36건, 상승 7건으로 16.3%에 불과했다. 강남구도 17.8%. 서초구도 20.9%로 저조했으며 서울시 전체로는 1월 상승거래 비중이 28.3%에 그쳤다.

이렇듯 폭락거래가 대부분이던 1월에 실거래가지수가 상승을 했다니, 이해할 수 없는 노릇이었다. 그런데 이러한 상승 통계가 3개월 연속 보도되며 교수나 전문가, 유튜버들이 이를 근거로 시장이 이미 바닥을 쳤으며 상승하고 있다는 주장을 펼쳤고 실제 필자의 데이터로도 5월부터는 상승으로 돌아선 모습을 보였다. "마중물" 역할을 노렸던 통계조작이 효과를 발휘하기 시작한 것이다. 그런데 매일 동일한 계약서를 근거로 통계치를 추출하던 필자와는 정반대의 결과가 나온 것에 의구심을 품은 필자는 단순히 자료를 다운받아 재가공하는 차원을 넘어 한국부동산원의 통계자료를 집중적으로 살펴보았다.

1월 통계는 3월 15일에 발표를 하고 3월 통계는 5월 15일에 발표를 한다. 따라서 필자가 주목한 것은 월 단위로 발표하는 통계와 분기나 반기, 연간으로 발표하는 데이터를 비교해 보면 분명 어디선가 오류를 발견할 수 있을 것이라 생각을 했다.

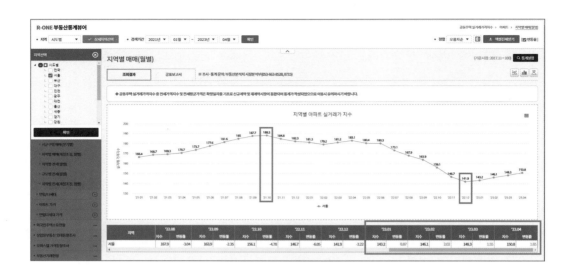

우선 한국부동산원 실거래가지수 공개자료실에서 개괄적인 수치와 그래프를 확인을 했다. 필자가 지난번 책에서 주장했던 "2021년 大상투" 주장처럼 2021년 10월 188.3pt.로 상투를 친 실거래가지수는 하락을 거듭하다 정말 12월에 141.9pt.로 저점을 찍고 1월부터 상승전환한 그래프를 확인할 수 있었다.

구분(년, 월)	지역 (Seoul)	
	동남권 (Dongnam-kwon)	서북권 (Seobuk-kwon)
2022-12	-2.96	-5.25
2023-01	1.42	1.49
2023-02	2.57	3.44
2023-03	3.00	0.70

그런데 엑셀 시트를 다운받아 살펴본 결과 3월까지의 월 데이터와 분기 데이터 수치가 정반대인 여러 곳의 오류를 발견했다. 많은 오류 중 별다른 가공 없이도 한눈에 알아볼 수 있어 명확히 드러나는 부분은 서북권 실거래가지수였다. 매월 발표되는 서울아파트 및 5개 권역별 지수와 달리 25개 구 모두를 포함한 분기지수는 3개월마다 발표되며 3월까지의 1분기 데이터는 5월에 발표되기에 필자는 5월 15일을 손꼽아 기다렸다.

N78					
	A	B	M	N	O
분기별 아파트 실				서울(Seoul)	
3	구분		종로구	은평구	서대문구	마포구
71	4Q	4.53	-11.15	-12.53	-9.93
72	'23.1Q	-9.03	-1.55	-0.39	-0.60

복권을 열어볼 때처럼 떨리는 마음으로 분기별 시트를 열어본 필자는 등골이 서늘한 소름을 느꼈다. 1월부터 상승해서 단 한 달도 하락한 적이 없다던 서울아파트에서 25개 구 중 1분기에 하락한 구가 대부분이었기 때문이다. 특히 5개 권역 중 포함된 구의 개수가 3개 구뿐이라 가부를 판단하기 용이한 서북권에서 명확한 증거를 찾았다.

은평구와 서대문구, 마포구로 구성된 서북권의 1분기 상승률은 3개구 전부 마이너스였다. 분명 매달 발표되는 권역별 지수는 3개월간 단 한 번도 하락한 적이 없었는데 이를 구성한 개별 3개구가 전부 하락을 했다니 이런 황당한 경우가 어디 있을까? 마치 중간고사 시험에서 국영수 전과목의 점수가 하락했는데 이를 숨기고 평균점수가 올랐다고 엄마에게 거짓말하는 중학생과 무엇이 다른가?

2023.8

서울 아파트값 실거래지수 기준 10%가량 상승했지만 일부 지역에 한해

상반기 상승세에도 4% 이상 오르는 곳은 서울 25개구 중 6곳에 불과

그런데 이런 어처구니없는 경우가 또다시 발생했다. 2분기 통계치가 발표된 8월 15일, 국토부 실거래지수를 보도한 기사에서 이상한 그래프를 보았다.

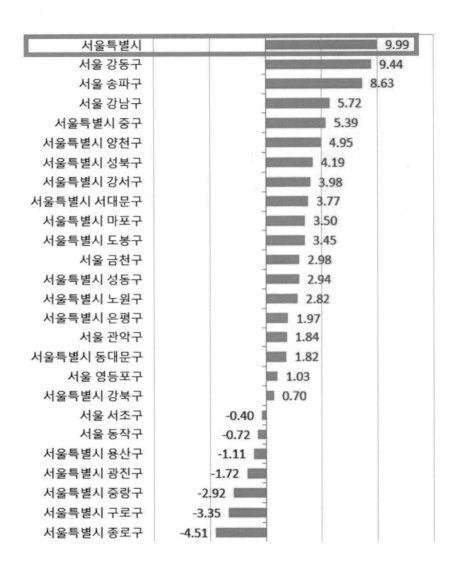

6월까지 한국부동산원의 반년간 실거래지수를 도식화한 것인데 서울시 전체 실거래가지수 상승률이 +9.99%로 맨 위에 위치하고 있었기 때문이었다. 25과목 시험을 본 기말고사에서 평균점수가 가장 높았다는 이야기인데 지금까지도 이런 통계 오류를 누구도 지적하지 않았다는 것이 더 놀라웠다.

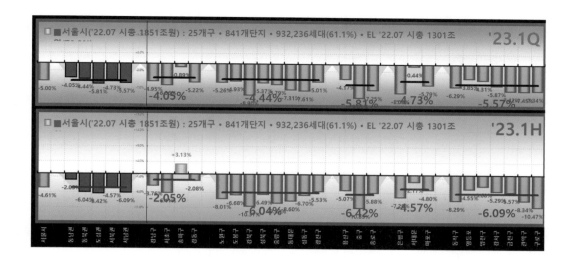

실제 필자가 매일 아침 매크로를 돌리면 산출되는 데이터 중 서울아파트 25개 구와 권역별 분기, 반년 등락률 그래프는 위와 같다. 그런데 -4.61% 폭락한 필자의 결과치와 +9.99% 폭등했다는 한국부동산원의 결과치가 이렇게 정반대로 나타난 데는 어떤 문제가 있었을까?

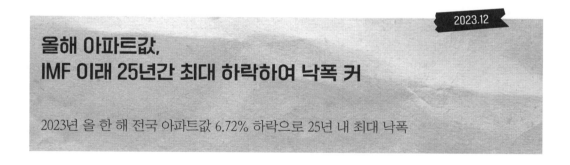

2023.12

올해 아파트값, IMF 이래 25년간 최대 하락하여 낙폭 커

2023년 올 한 해 전국 아파트값 6.72% 하락으로 25년 내 최대 낙폭

어쨌든 연간 10% 넘게 폭등했다는 한국부동산원의 실거래가지수를 비웃기라도 하듯 주택은행 시절인 1986년부터 국가 위탁기관으로서 통계를 집계하고 발표하던 KB국민은행은 2022년도 한해 서울아파트 하락률이 -6.28%로 1998년 IMF 이후 25년 내 최대 폭락이라는 정반대의 통계를 발표했다. 연간 10% 넘게 폭등했다고 주장하는 부동산원과 25년 내 최대 폭락이라는 KB은행, 둘 중 하나는 분명히 거짓말을 하고 있었다.

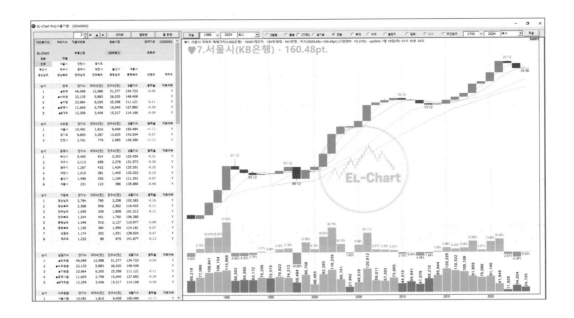

KB국민은행의 월간통계는 당사뿐 아니라 여타 은행들의 대출 기준이 되기에 보다 정확할 것이라는 생각이 든다.

2024.3

1월 서울 아파트 계약건수 2000건 돌파로 실거래가 상승

중저가 매물 많은 강북(노도강)이 상승세의 흐름을 이끌다.

그런데 1월 통계오류 사건으로부터 1년 후인 올해 1월에도 또 똑같은 문제가 발생했다. 작년 5월부터 반등을 하던 서울아파트 시장이 10월 단기 고점을 찍고 꺾인 후 재차 하락하다가 잠정치지만 1월에 "깜짝 상승"했다는 보도가 또 나온 것이다. 기사의 제목에 "깜짝"이라는 의태어를 썼다는 것에서 당시 실제 상황과는 너무 차이가 많이 나서 상식적이지 않다는 기자의 생각이 녹아 있는 것으로 보였다. 이번에도 필자의 통계결과는 여전히 하락을 지속하고 있었을 때다.

서울 (Seoul)

'23.1월 서울 아파트 매매 실거래가격지수는 동북권, 동남권, 서북권 상승, 도심권, 서남권에서 하락

○ 서울 생활권역 중에서 전월(2022년 12월) 대비 동북권(1.69%), 서북권(1.61%), 동남권(1.15%) 상승, 도심권(-1.34%), 서남권(-0.20%) 하락

'23.2월 잠정지수 산정 결과, 전월(2023년 1월) 대비 서북권(1.89%), 동북권(1.67%), 동남권(1.65%), 서남권(1.33%) 상승, 도심권(-4.68%) 하락

구분	전년동월('22.1)	전월('22.12)	금월('23.1)	증감률(%) 전년동월	전월	잠정지수 변동률(%)('23.2)
서울	181.0	141.8	143.0	-21.01	0.81	1.55
도심권	175.7	156.9	154.8	-11.91	-1.34	-4.68
동북권	193.0	146.2	148.7	-22.95	1.69	1.67
동남권	178.0	137.1	138.7	-22.09	1.15	1.65
서북권	171.8	136.8	139.0	-19.10	1.61	1.89
서남권	177.9	143.7	143.4	-19.41	-0.20	1.33

서울 (Seoul)

'24.1월 서울 아파트 매매 실거래가격지수는 도심권, 동북권, 서북권 3개 생활권역 상승

○ 서울 생활권역은 전월(2023년 12월) 대비 동북권(1.33%), 도심권(1.21%), 서북권(0.60%) 상승, 동남권(-0.33%), 서남권(-0.18%) 하락

'24.2월 잠정지수 산정 결과, 전월(2024년 1월) 대비 동남권(0.93%), 서남권(0.46%), 서북권(0.38%), 도심권(0.11%), 동북권(0.10%) 상승

구분	전년동월('23.1)	전월('23.12)	금월('24.1)	증감률(%) 전년동월	전월	잠정지수 변동률(%)('24.2)
서울	144.3	156.7	157.4	9.11	0.45	0.30
도심권	156.1	161.9	163.8	4.93	1.21	0.11
동북권	150.2	157.9	160.0	6.52	1.33	0.10
동남권	140.1	159.1	158.6	13.21	-0.33	0.93
서북권	139.0	153.8	154.7	11.29	0.60	0.38
서남권	144.1	155.7	155.4	7.88	-0.18	0.46

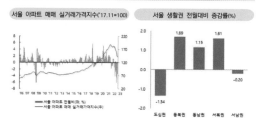

서울 아파트 매매 실거래가격지수('17.11=100) / 서울 생활권 전월대비 증감률(%)

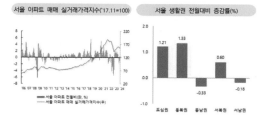

서울 아파트 매매 실거래가격지수('17.11=100) / 서울 생활권 전월대비 증감률(%)

1년 전의 한국부동산원 1월 보고서와 올해의 1월 보고서를 비교한 것은 당연히 올해 3월 15일이었다. 토씨까지 복붙한 듯 2개의 1월 데이터는 비슷했다. 그럼 분기 데이터 오류도 똑같지 않을까? 하는 생각으로 또다시 엑셀 파일을 열어 보았다.

	A	F	I
	아파트 매매 실거래		
	지역		
	구분(년, 월)	도심권 (Dosim-kwon)	서북권 (Seobuk-kwon)
219	2023-12	-3.71	-1.02
220	2024-01	0.67	0.68
221	2024-02	1.41	0.19
222	2024-03	0.72	0.32

그런데 이번에는 2개 권역에서 보다 쉽게(?) 명확한 오류를 찾을 수 있었다. 작년에 오류가 있던 은평/서대문/마포로 구성된 서북권뿐만 아니라 올해 1월에는 용산/중구/종로로 구성된 도심권에서 똑같은 오류가 있었던 것이다.

분기별 아파트 실거래 가격지수(Transaction-based Sales Price Indices) 전							
지역 구분	종로구	중구	용산구	원구	은평구	서대문구	마포구
4Q	-1.13	2.66	0.63	-1.78	0.89	0.15	-0.29
24.1Q	-0.47	-0.50	-0.82	-1.20	-0.29	-0.07	-0.06

작년과 마찬가지로 1월부터 상승반전한 후 단 한 달도 하락이 없었던 2개 권역에서 1분기에 6개 구 모두 하락했다니 헛웃음보다 비참한 생각마저 들었다. 이런 통계를 믿고 다운받아 가공하고 각종 보고서나 세미나 자료에 이용했을 교수나 전문가, 이를 재료로 펌프질했을 학원강사와 유튜버들의 주장이 결과야 어떻게 되었더라도 잘못된 자료를 기초로 했다는 것이 큰 문제다.

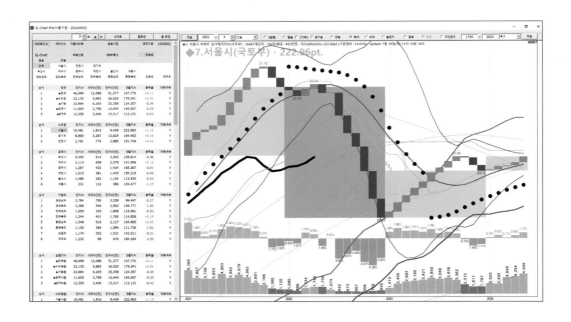

부동산원 실거래지수 월간 등락률을 도식화하면 위와 같다. 2022년 12월까지 폭락하던 지수가 돌연 1월부터 반등세로 돌아섰는데 문제는 폭락하다 상승세로 돌아설 때 나타나는 힌지(Hinge, 경첩, 추세완화 패턴) 현상이 없다는 것이다. 직전/직후의 4년간 고저점을 보면 그러한 힌지 현상이 모두 나타났었는데도 등락폭도 최대인 2022년 12월 직후인 1월에 갑작스러운 상승반전이 나타났다는 것은 통계조작이 아니라면 설명될 수 없다.

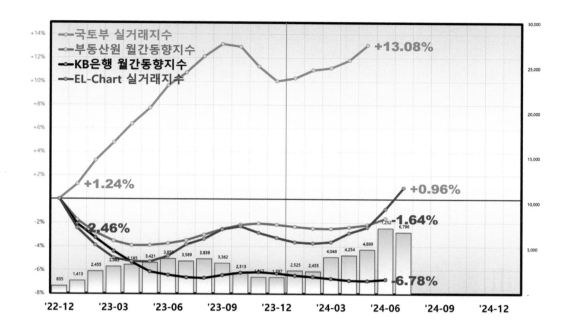

국토부와 부동산원, KB은행, EL-Chart를 한 그래프에 표시해 보면 국토부의 실거래지수가 얼마나 왜곡되었는 지 한눈에 알아볼 수 있으며 특히 동일한 기관의 한 부서에서 생산한 실거래가지수와 월간동향지수가 정반대의 흐름을 보인다는 것도 아이러니가 아닐 수 없다. 특히 9월까지 +13.08% 폭등했다는 실거래가와는 정반대로 KB은행의 월간동향지수는 한 달 전까지 연간 -6.68%, 25년 만에 최대폭락이라는 극과 극의 데이터를 공표했는데 둘 중 하나는 거짓말을 하고 있다는 것이 분명하다.

국토부의 산하기관인 한국부동산원의 실거래지수는 시장에서 가장 신뢰하는 통계수치다. 여타 동향조사는 표본 샘플링과 조사, 가공과 발표 등 수치가 오염될 가능성이 크고 부정확하지만 실거래지수는 표본이 아닌 계약서 전부를 대상으로 하기에 샘플링과 조사에 문제가 있을 수 없다. 문제는 가공이나 발표에는 오염의 소지가 있긴 한데 이번에도 가공에는 큰 문제가 없었던 반면 발표에 문제가 있었다고 봐야 한다. 지난 2년간 실제 데이터를 가공한 실무자가 하락한 데이터를 입력했음에도 불구하고 이를 결제하고 발표하는 윗선에서 통계조작을 했음이 분명하다. 단지 꼬리가 길면 잡히는 법, 월간 발표 때와는 달리 분기 발표 때는 깜빡하고 조작을 누락(?)했을 것으로 짐작이 된다.

필자는 이들을 "일월팀"이라 칭하고 있다. 매년 초 시장의 방향성이 결정되는 1월만 되면 시장의 방향을 그들이 원하는 쪽으로 돌리기 위해 통계조작을 일삼는 것으로 보인다. 마치 작전세력이 신고가 직거래를 신고한 후 비슷한 실거래가 실제 등록이 되면 기존 허위신고를 취소한 후 "어차피 그 가격에 거래가 되었고 매매가가 상승을 해서 모두가 해피하니 문제될 게 없다"는 식의 실거래가 조작을 일삼는 작전 세력과 국가기관이 뭐가 다른가? 경기를 감독해야 할 심판 또는 중계를 해야 할 앵커가 선수로 뛰며 경기의 흐름을 바꿔놓고 있다.

III 통계개요

[지수 개요]

☐ 목적 : 전국의 아파트 및 연립·다세대를 대상으로 하여 실제 거래되어 신고된 아파트 및 연립·다세대의 거래 가격수준 및 변동률을 파악하여 정확한 시장동향 정보를 국민에게 제공하고 정부정책수립에 참고자료로 활용

☐ 법적근거 : 주택법 제88조, 제89조 및 동법 시행령 제91조

한국부동산원 홈페이지에 게시된 "통계개요"에는 실거래지수를 산출하는 목적이 "정확한 정보를 국민에게 제공하고 정부정책수립에 참고 자료로 활용"이라고 명시되어 있다. 여기서 "정확한 자료"라는 문구가 눈길을 끈다. 혹시 "국가기관"에서 생산되어 한 국가의 공식 통계로 기록되는 "실거래가지수"가 우리가 모르는 거대한 작전 세력들의 시세조정 도구로 전락한 것은 아닐까? 라는 생각마저 든다.

　작년 말 국정감사 기간에 한 국회의원실에 찾아가 이러한 문제를 설명한 적이 있었다. 당시 문재인 정부의 통계조작 건으로 공격을 받던 야당에 이러한 문제를 제보하면 문제 개선에 보다 효과적일 것이라는 생각에서 국감 일주일 전 국토위 소속 모 국회의원실에 찾아가 2시간이 넘게 이를 설명한 것이다.

　문재인 정부의 "주간동향지수 마사지" 건이 학교 성적 하락으로 학원등록을 중단할까 봐 문제를 미리 몇 개 알려주거나 오답을 수정해 준 중학교 보습학원의 주말 쪽지 시험 수준이라면, "국토부 실거래가 조작" 건은 교육부에서 주관하는 수능점수를 조작해 대학에 합격한 경우와 경중이 비슷하다고 생각했다. 그러나 끝내 이런 문제 제기는 묵살되었고 지금까지도 필자만 알고 있는 해괴한 해프닝으로 남았다.

　이번 "일월팀"의 통계조작 건은 원희룡 전 장관 시절 행해졌던 것이지만 비슷한 국가기관의 통계조작은 김현미 전 장관 때를 포함해 일상적이고 광범위한 "현재 진행형"이라는 우려가 된다. 대통령이나 장관은 몇 년 지나지 않아 떠날 사람이지만 "일월팀"은 수십 년간 또는 퇴직 후에도 카르텔로 그 영향력이 지속되기 때문이다.

주택 19만 채가 증발했던 통계…

주택공급 DB 체계 개편 중에 데이터 누락 건이 나중에서야 밝혀져

지난 5월, 주택 공급 관련 데이터 19만 채가 넘는 통계누락 사고가 보도되며 큰 충격을 주었다. 단순한 전산상의 오류라고는 하지만 분당과 일산 신도시를 합한 물량보다 훨씬 큰 수치가 어떻게 누락되었는지 이해하기 어렵다. 이것도 여의도 증권가 애널리스트 사이에 소문이 퍼지고 난 후 연합인포맥스 기자의 문제 제기로 밝혀진 것이다. 무려 9개월이 넘는 기간 동안 잘못된 통계로 정책이 결정되었고 "아파트 입주 물량 부족"이라는 재료는 서울 아파트 폭등론자들에게 "전가의 보도"처럼 사용되었다.

그런데 서울아파트 월간 거래 건수가 몇십 건 줄어도 눈에 띌 수밖에 없는데 매일 아침 마다 통계를 산출하는 필자의 입장에서 보면 세금으로 월급을 받는 실무자가 이걸 반년 가까이 몰랐다는 것은 불가능하다. 이번 통계오류의 문제점 파악은 생각보다 간단하다. 이 통계오류로 이득을 본 자들이 누구인지 생각해 보라. 혹시 필자가 의심하는 그런 종류의 "단순 오류"였다면 미래가 너무 암울하다. 필자는 언젠가 이 문제의 진실이 밝혀질 것이라고 확신한다. 그래서 이번 사건이 국가기관의 거대한 "대국민 사기극"이라는 점이 만천하에 밝혀질 것을 확신하며 이 책에 "박제"를 해 두는 바이다.

"건설 카르텔 깨야"
尹대통령 발언에 與, 국정조사 추진

LH 전관 적폐와 부실공사 등 질타 이어져

1년 전 윤석열 대통령은 "건설 카르텔을 깨야" 한다며 여당에서는 국정조사도 추진했다. 이미 알려진 LH나 KDI 직원들의 부동산 투기에서 보듯 사전 개발 정보를 입수하기 쉽거나 데이터를 조작할 수 있는 "건설 카르텔"은 국토부와 한국부동산원에도 깊이 자리잡고 있을 것이라는 의심이 든다. 우리 아이들의 미래를 위해서도 대통령의 의지가 현실화되길 소망한다.

4

전 국민 가스라이팅,
'누더기'가 된 부동산원 '주간동향지수'

2024.7

서울 아파트값,
5년 10개월 만에 최대폭 상승으로 치솟아

16주 연속 상승한 서울 아파트 가격이 금주 최대 폭(0.24%)으로 문정부 때보다 더 상승

지난 7월 12일 목요일 오후 2시, 모든 신문에서 서울아파트 폭등 기사를 일제히 보도했다. 이 기사는 다음날인 금요일 오전까지도 이어졌는데 바로 한국부동산원 주간동향지수가 발표되었기 때문이었다. 그것도 아파트 폭등기였던 문재인 정부 때를 상기시키면서 마치 지금 아파트를 안 사면 그때처럼 벼락 거지가 될 것처럼 선정적인 제목을 달았다.

그런데 한 주 전에는 "00주 연속 상승" 정도의 기사가 대부분으로 이번처럼 1년 전, 2년 전등의 비슷한 기사도 없었는데 갑자기 몇 달 전도 아닌 5년 10개월 만에 최대폭으로 폭등했다니 그 기간 동안의 중간수치에 공백이 생겨 데이터를 매일 취급하는 필자의 입장에서는 의아한 생각이 들었다.

서울 아파트값 최소 2~3년은 오름세

부동산 전문가에 따르면, 2024년 하반기에 서울 아파트값이 3~4% 상승할 것으로 보인다.

부동산원의 폭등 통계치 발표 이후 부동산 전문가들은 서울아파트값이 올 하반기뿐만 아니라 최소 2~3년은 더 오를 것이라는 전망을 내놓기 시작했고 유튜브 등 각종 매체에서도 이후 발표되는 주간동향지수를 지속적으로 다루며 아파트값의 폭등을 주장했다.

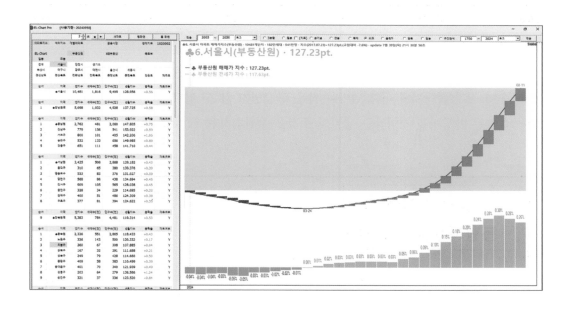

실제 발표된 부동산원의 주간동향지수를 EL-Chart에서 선차트가 아닌 캔들차트로 보면 몸통이 점점 커지며 상승폭을 키워가는 모습을 볼 수 있다. 대부분의 언론이나 전문가들이 인용하는 것이 바로 두세 달 동안의 단기간 증감률로 이는 큰 그림이 아닌 작은 부분이 포커싱 된 사실로 자칫 시장을 왜곡시킬 여지가 있다.

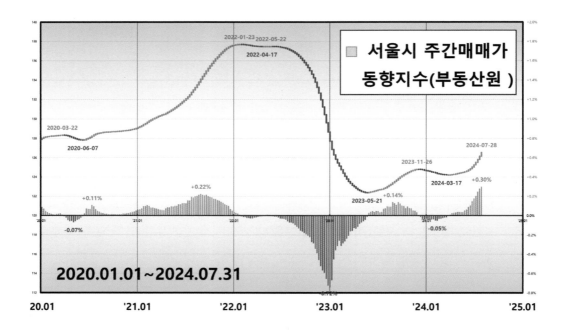

좀 더 큰 그래프를 보기 위해 기간을 2020년 이후부터 5년간으로 늘이면 최근의 1년 넘는 상승이 직전 폭락기에 비해 얼마나 작은 상승인지 알 수 있다. 즉, 지금의 상승은 기존 폭락에 따른 반등파일 것이라는 필자의 주장을 뒷받침하는 근거도 된다.

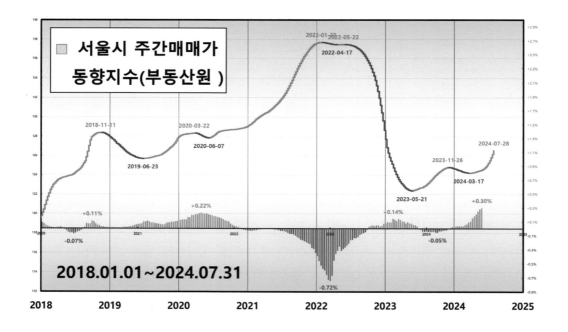

그런데 5년 10개월 만의 최대 폭등이라는 수치는 어떻게 나왔을까? 바로 문재인 정부 시절의 통계조작으로 과소하게 계상된 상승률로 인해 현재의 주간상승률이 그만큼 과대한 반영이 되었기 때문이다. 즉, 오랜 기간 공식 국가통계인 부동산원의 "주간매매동향지수" 자료에 오류가 있었어도 이를 수정하지 않아 수년간 계속 누적되어 왔다면 그만큼 장기 시계열 통계 자료로서의 공신력이 떨어지게 된다.

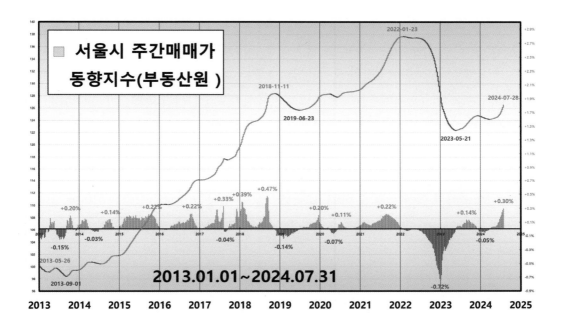

문재인 정부 시절에만 통계조작이 있었을까? 혹시 정권을 불문하고 통계조작이 벌어지고 있지 않았을까 하는 의구심이 들 수밖에 없다. 특히 국토부 실거래가지수 통계조작에서도 보았듯이 "일월팀"은 실거래가 조작뿐 아니라 여타 광범위한 데이터도 오염시켰을 가능성이 농후하다.

2023.4

17% 상승이라더니, 실제는 79% 급등

2017년 5월부터 2021년 1월까지 서울 아파트 시세 79% 상승,
부동산원의 통계 근거와 자료를 투명하게 공개하여 검증해야 한다고 지적 이어져

이러한 통계조작 의심은 과거에도 여러 차례 있었지만 번번이 묵살되어 왔다. 2023년 4월에는 경실련에서 부동산원의 통계와 실제 시세를 조사하며 통계 근거와 자료들을 모두 투명하게 공개해 검증하라고 주장했다. 문재인 정부 들어 겨우 17% 올랐다는 부동산원의 통계자료에 비해 실제 조사치는 79%에 달한다는 것이다.

이에 대해 부동산원에서는 매번 그랬듯이 통계법을 근거로 공개를 거부하며 또다시 이 문제는 묵살되었다. 경실련의 문제 제기 이후에도 한문도 교수 등 몇몇 지성인이 중심이 되어 한국부동산원에 "정보공개청구", 감사원에 "국민감사청구"를 진행하기도 하였지만 쉽지 않은 상황으로 보인다. 필자의 추측으로는, 아마도 그동안의 표본과 산정방식이 공개되면 수많은 전문가들에 의해 지난 수십 년간의 통계조작이 상세히 밝혀지며 "일월팀"의 실체가 드러날 것이 두려워서 영원히 공개되지는 못할 듯하다.

주위에 아파트 한 채를 가지고 있는 사람들의 경우에도 2013년 이후 적게는 100%, 많게는 200~300%가 폭등한 경우를 아주 쉽게 발견할 수 있다. 5,000개가 넘는 아파트 단지의 실거래가를 매일 다운받아 가공해 올린 EL-Chart에서도 이를 확인할 수 있었다.

필자는 오래전부터 부동산 작전 세력이 도봉구를 공략하고 있다며 유튜브에서 여러 차례 방송한 적이 있다. 특히 "창동주공17단지"를 자주 예로 들며 그 작전이 끝나면 영끌족들에게 처참한 고통이 있을 것이라고 경고도 하였다.

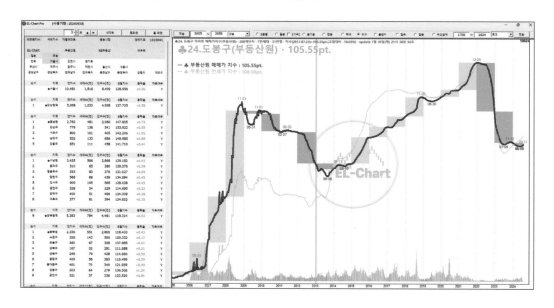

실제 10년이 넘는 부동산원 주간매매가동향지수 차트를 보면 상식적이지 않은 그래프가 목격된다. 이번 폭락으로 인해 도봉구 매매가동향지수는 16년 전인 버블세븐 직후의 2008년 가격 또는 이번 9년 상승기 초반이었던 2015년의 가격까지 폭락한 모습을 볼 수 있다. 아파트를 포함해 도봉구의 13만채가 넘는 주택 중 이러한 사례가 하나라도 있는지 의심스럽다.

그런데 개별적인 데이터로는 각각의 수치를 확인할 수는 있어도 다른 수치와의 차이는 쉽게 파악하기 어렵다. 그래서 EL-Chart에는 필자가 가공한 지역별 지수에 국토부 실거래가지수, 부동산원과 KB은행의 동향지수를 동시에 등록한 멀티차트를 만들어 놓았다.

그런데 필자의 실거래가지수와 국토부 실거래지수는 거의 비슷한 흐름을 보이고 있는 반면 KB와 부동산원 동향지수는 전혀 다른 모습을 보이고 있다. 특히 부동산원 매매가동향지수는 방향성은 물론이고 등락의 차이도 현저하게 발생하고 있다. 즉, 실제 수치에는 아랑곳 않고 "일월팀"이 원하는 방향대로 올리고 싶을 때나 내리고 싶을 때의 필요에 따라 통계수치를 왜곡했었다고 볼 수밖에 없다.

문재인 정부 시절 5년여간 과소하게 계상된 상승률로 인해 누가 손해를 보았을까? 과소 계상된 주간상승률은 정부 대책의 실기를 불러왔을 것이고 정부의 주간 통계발표만 믿고 시장을 오판하여 아파트 매수 시기를 놓친 무주택자가 가장 큰 피해자일 수밖에 없었을 것이다. 폭등한 아파트값에 그들이 결국 정부에 배신감을 느끼고 마지막에 패닉바잉의 영 끌족이 되었을 가능성이 크다. 물론 이익을 본 쪽은 반대의 경우일 것이다. 실제 여러 유 튜브 방송을 보다 보면 "이번 주는 부동산원이 00지역 아파트값 지수를 좀 올려줬네? 아마 도 다음주에는 00지역 아파트값을 올려줄 거야"라는 식의 언급을 들을 수 있었다. 부동산 전문가들도 부동산원이 객관적인 통계를 생산하는 것이 아니라 입맛에 따라 통계수치를 조작하고 있음을 무의식중에 알고 있었다고 봐도 무방하다.

부동산원의 "매매동향지수"와 실제 개별 단지의 매매가 흐름을 비교해 본다면 부동산원 의 통계수치가 얼마나 왜곡이 심한 지 상세하게 알 수 있을 듯하여 도봉구 시가총액 상위 50개 단지를 살펴보기로 한다.

우선 위 차트는 입주 20년 차로 도봉구 내에서 비교적 신축(?)에 가까운 시가총액 1위의 창동 북한산아이파크 월봉 시가총액 지수다. 최근의 시세는 필자가 산정한 도봉구 실거래 가지수보다는 낮지만 KB시세보다는 높으며 부동산원 시세와는 비교할 수 없을 정도로 큰 차이가 난다.

　도봉구 시가총액 상위 아파트는 대부분 창동에 밀집되어 있는데 시가총액 2위인 27년차 창동 동아청솔은 비교적 필자가 만든 도봉구 실거래가지수에 근접한 모습을 볼 수 있으나 부동산원 지수와는 너무나도 큰 차이가 난다.

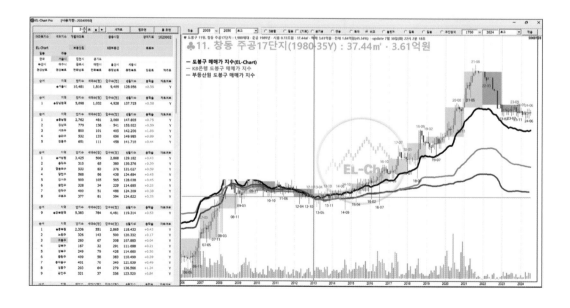

이 중에서 도봉구 창동주공17단지는 필자가 매매가 추이를 오랜 기간 추적했던 아파트로 월평균 가격이 2013년 저점에 비해 335%나 폭등한 아파트다. 물론 수치가 스무딩된 전체 값이 아닌, 평형별 월중 고저점까지 계산하면 상승률은 그보다 훨씬 크다. 실제로 거래된 매매가 흐름과 부동산원의 동향조사는 위 차트에서 보듯 상식을 크게 벗어난 차이를 보여주고 있음을 확인할 수 있다.

아파트 매매가격지수별 특성 비교

산출기관	부동산원	KB국민은행	부동산114	부동산원	엘리엇
지수 명칭	전국주택가격동향	KB 주택가격동향	주간아파트시장 동향	실거래가격지수	EL-Chart 실거래지수
표본수	35,000	62,220	37,972	계약서 전수	5,050,000
작성방식	조사원 가격산정	공인중개사 입력	공인중개사 입력	실거래 신고가격	실거래 다운로드
공표시점	매월 15일, 매주 금요일	매월 15일, 매주 금요일	매월 15일	매월 15일	매일 아침
작성방법	제본스지수	칼리지수	듀토지수	반복매매모형	시가총액방식
단점	표본수 적음, 조사원 주관 개입	매도호가 위주, 중개업소 주관 개입	매도호가 위주, 중개업소 주관 개입	45일 지연된 통계	

그럼 동향지수와 실거래지수 사이에 왜 이토록 큰 차이가 나는 지 알려면 지수를 만들기 전부터 공표되기까지의 과정을 살펴볼 필요가 있다.

아파트 지수산출 관련 대표적인 기관으로는 부동산원과 KB은행, 부동산114 등을 꼽을 수 있다. 이 중에서 국가 공식통계기관은 한국부동산원으로 주간/월간 단위의 "주택가격동향지수"와 월간 단위의 국토부 실거래가지수를 생산한다. 주택은행 시절부터 국가 통계 작성 위탁기관이었던 KB은행과 민간 조사기관인 부동산114에서는 "주택가격동향지수"를 생산하는데 국가기관 외에 "일일 실거래가지수" 산출을 시작한 사람은 아마도 필자가 최초일 듯하다.

문제는 각 기관마다 산출하는 데이터의 결과치가 천양지차로 다른 경우가 많아 시장에서는 지속적인 문제 제기가 있었으며 개선 방안이 논의되기도 하였다. 이러한 문제는 표본 선정의 한계부터 조사 주체의 주관개입 여지, 지수 도출 방법과 결과 발표의 왜곡 등 각 단계마다 도사리는 유혹에서 기인한다. 필자가 매일 오전 생산해서 EL-Chart에 업로드하는 실거래가지수는 전국 5,050개 단지에 세대수만도 505만 세대에 이르며 산출방식은 미국의 케이스-쉴러 지수처럼 시가총액 방식으로 서울아파트의 경우 시가총액 반영률은 86%에 이른다.

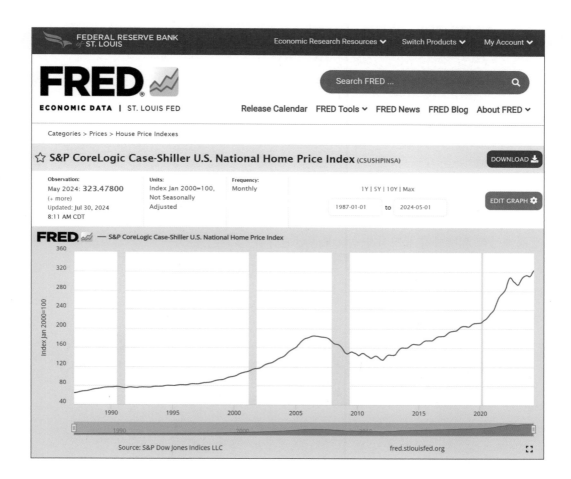

케이스-쉴러 지수란 세계 3대 신용평가회사인 스탠더드앤드푸어스(S&P)가 발표하는 대표적인 주택가격지수다. 이 지수는 특정 대도시권의 모든 주택 가격을 대상으로 2회 이상 거래된 가격의 변동률로 산정하며 시가총액 방식에 기반을 둔 것으로 신뢰도가 높은 편이다.

S&P는 20대 대도시와 10대 대도시 등 3종류의 지수는 매월 두 달 전 기준으로 발표하며 전국지수는 3개월 단위로 발표된다. 이에 반해 작은 표본으로 산출된 지수를 주간 단위로 발표하는 나라는 우리나라가 유일하다.

2023.2

'주간가격동향 폐지' 목소리 높아져, 국토교통부 장관도 폐지론에 힘 실어

한국부동산원 '주간 아파트 가격동향'에 대한 비판적인 여론 확산되어

2023년 2월 들어 원희룡 국토부 장관은 주간 단위의 표본이 부족하고 부정확하며 정부의 통계조작 의혹까지 불거지자 한국부동산원의 주간가격동향지수 폐지에 힘을 실어주며 곧 실행될 듯하였다. 그러나 문제의 주간가격동향 폐지는 또다시 유야무야되며 연말 원장관은 퇴임을 하였다.

2023.10

한국부동산원의 경주마식 주간 통계 폐지론 다시 대두되어

짧은 기간과 부족한 표본으로 정확할 수 없는 통계,
文정부에서는 최소 94회 이상 조작했다는 감사원 결과 나와

결국 부동산원에서 세계적으로도 유래가 없는 주간 단위의 "동향조사"를 포기하지 않는 이유는 국정감사에서 제기된 심상정 의원의 주장에서 추측할 수 있다. 심 의원은 기간도 짧고 표본이 부족하며 애초부터 부정확한 통계인 "주간동향조사"를 폐지해야 한다고 주장하였는데 "경마식 주간통계"라는 단어에 주목할 필요가 있다.

즉, 전 국민의 가스라이팅 도구로 주간 단위의 경마식 중계가 이루어진다는 것인데 필자의 그동안 생각과도 일치한다. 투기세력의 이익 극대화를 위해 일반 시민의 심리를 자극하여 시장의 하락과 상승을 인위적으로 만드는데 "주간동향지수"가 악용되고 있다고 생각된다. 물론 주간지수나 일간지수 등 어떤 지수라도 민간기업이나 개인이 만들어 사용하는 것은 문제가 될 것이 없다. 단지 문제는 정부가 나서서 주간 단위의 투기를 조장하는 것이다.

2020.8

'부동산 감독원' 설치 속도 내어⋯ 호가 조작, 집값 담합 제재 역할에 기대 모아

"감독기구보다는 주택청 분리 신설" 의견과 "정권에 따라 신설과 폐지 가능성" 등 부정적 의견도 이어져

문재인 정부 시절인 2020년 8월, 부동산 작전이 심해지자 정부는 "부동산 감독원" 설치를 추진하였다. 은행과 증권 등 금융 부분을 감시하는 "금융감독원"과 같은 기능의 기구로 주택과 토지 등 부동산에 감시 기능이 필요하다는 판단에서다.

그런데 부동산 전문가 등 이해관계자들의 반대에 막혀 결국 무산되었다. 역시 지난 수십년간, 그리고 앞으로도 더 많은 기간 해먹어야 할 수천 조 시장의 부동산 카르텔 벽은 높고도 두터웠던 것이다.

2023.10

尹정부가 주간동향조사를 폐지하지 않는 이유는?

부동산 투기를 권장하는 주간 통계 폐지해야 한다는 지적 제기되어, 실제 거래가 반영하지 못하고 조사 기간이 짧으며 실거래가와 호가를 혼용 산출하여 객관적이지 못해

작년 2023년 10월 조선일보 칼럼에서는 문 정부에서 94회나 조작했다는 부동산원의 "주간동향조사"를 현 정부에서는 왜 폐기하지 않는지 문제를 제기하고 있다. 필자가 생각하는 그 이유는 거대한 부동산 카르텔이 건설사나 언론뿐 아니라 정부에도 오랜 기간 깊이 자리 잡고 있기 때문으로 짐작된다.

국토부 장관은 길어야 2~3년, 짧게는 몇 달 만에도 교체가 된다. 이에 반해 "일월팀" 같은 카르텔은 한 조직에서 길게는 30년 이상 유지가 되고 퇴직 후에도 전관예우의 혜택으로 유관 기업으로 자리를 옮겨 그 카르텔과 연속적인 네트워크를 유지할 것으로 짐작이 된다.

시장에 영향을 미치는 "부동산 가격 부상의 거대 네트워크"

2020.12

도시문제 2018년 12월 기고된 변창흠 국토교통부 장관 내정자 기고문

2020년 12월, 국토부 장관 내정자였던 변창흠 LH 사장은 2018년 '도시문제'에 기고한 내용 중 "부동산 가격을 띄우는 거대한 네트워크가 시장에 영향을 미치고 있는 것"이라는 내용이 문제가 되어 인사청문회에서도 곤욕을 치르기도 했다. 언론에서는 변 후보자의 "거대한 네트워크"라는 단어가 부동산카페나 부녀회 등이라며 "커뮤니티"라는 단어로 둔갑시켜 왜곡된 보도를 하며 세상의 비웃음거리로 만들었다. 메시지가 아닌 메신저를 공격함으로써 메시지의 본질을 감춘 것이다. 당시 필자는 "거대한 네트워크"가 단순한 카페 등의 커뮤니티 수준이 아닌 건설사, 언론, 정부 등 "거대한 카르텔"로 받아들였다.

'순살 아파트' 불러오는
LH 감리 카르텔 적발되어

LH와 조달청 발주 공사, 입찰 담합은 물론 뇌물까지 준 감리업체 대거 적발
'순살 아파트' 감독도 이들끼리 감독 맡아

결국 국토부 개혁의 기대를 받았던 변 장관은 취임 4개월 만에 LH 내부 직원들의 땅 투기 문제에 책임을 지고 4개월의 초단명으로 사퇴를 하였다. 필자는 사퇴 압박이 심해질 당시 과거에 언급된 "거대한 네트워크"가 현재에 와서 당사자 제거에 나섰을 개연성을 의심하기도 했다. 이 책의 원고를 넘기는 7월 말, "LH 감리 카르텔"이 적발되어 LH 출신 68명이 기소되었다는 뉴스가 보도되었다. 연간 발주 물량의 70%를 차지했다고 하니 실제 굵직한 공사 건은 거의 몰아주기였던 것으로 보인다. 변창흠 장관의 주장이 사실로 드러나는 순간이다. 물론 빙산의 일각일 뿐이겠지만….

필자의 생각도 많은 전문가들의 주장과 같다. 전 국민을 가스라이팅하는 도구로 전락한 인위적인 통계, 정권에 따라 '누더기'가 된 부동산원 '주간동향지수'는 하루빨리 폐지되어야 한다고….

5

진보 폭등 vs 보수 폭락,
30년간 반복되는 김영삼 징크스!

보수와 진보의 서울아파트 값, 악어입!

엘리엇TV
구독자 5.25만명   혜택 보기   분석   동영상 수정   254   공유   홍보하기   오프라인 저장   …

조회수 3,600회 2023. 10. 26. #영끌 #환율 #장단기금리차
- 무료버전 EL-Chart PRO 설치파일 다운로드

　작년 10월, 서울아파트 시세가 한참 반등을 이어가던 때에 필자의 유튜브 채널인 "엘리엇TV"에 "악어입"이라는 영상을 올린 적이 있다. 현 정부 들어 서울아파트 흐름이 과거 정부와 비교했을 때 노무현/문재인 정부와는 반대인 김영삼/이명박 당시와 매우 흡사한 모습을 보이고 있었기 때문이었다.

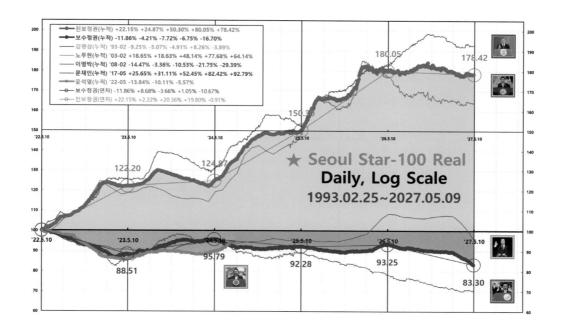

　특히 취임 첫날부터 서울아파트 매매가 흐름이 하락을 시작한 것까지도 너무나도 똑같았다. 3명의 대통령 공통점은 보수 정부라는 것이다. 서울아파트 역사 66년간 수많은 대통령 중 임기 내 서울아파트 가격이 하락을 기록한 때는 김영삼 대통령이 최초였다. 임기 말 IMF 위기를 겪었기 때문이었다. 아이러니한 것은 이때부터 보수가 집권을 하면 서울아파트값이 하락을 했고 진보 정부 기간에는 서울아파트값이 상승을 했다. 그것도 폭등을 했다. 그럼 과거 어느 대통령 때 서울아파트값이 가장 많이 올랐을까?

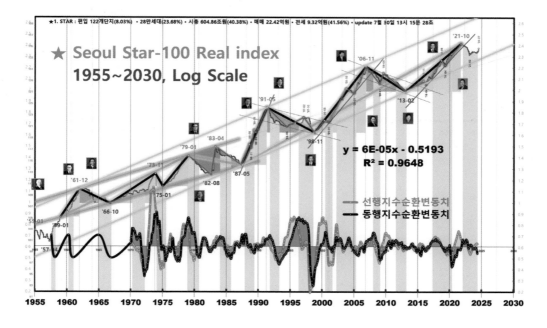

우선 각 대통령 재임기와 경기동행지수 순환변동치로 서울아파트의 등락과 경기순환 주기를 비교한 차트를 보면 대체로 경기수축 기간에는 서울아파트 실질지수도 조정을 보였고 경기확장기에는 크게 오르는 모습을 보였다.

그러나 경기침체기에도 폭등한 사례가 여러 차례 있었는데 노태우 대통령 재임기의 올림픽 전후와 2002 월드컵 직후의 노무현 대통령 기간이다. 또한 2018년 이후 코로나 경기침체기의 문재인 대통령 시기에도 서울아파트값은 폭등했다. 여기서 특히 주목할 부분은 역사적으로 서울아파트의 폭등기는 장기간의 경기침체기와 겹쳤다는 점이다. 물론 1998년 IMF 때나 2008년 리먼 사태, 2011년 저축은행 사태 등의 갑작스러운 경기침체기와 서울아파트 조정기가 겹칠 때는 폭락세를 보이기도 했다.

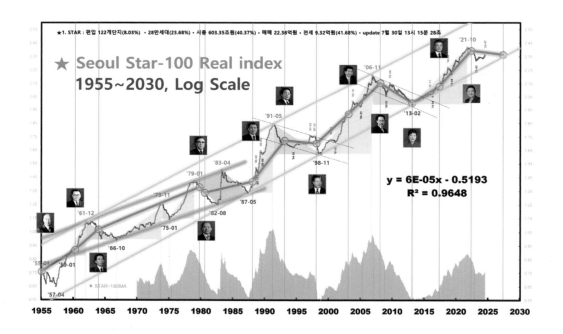

위 차트는 1955년부터 1975년까지의 서울 주택과 이후의 아파트 실질지수(STAR-100 Real index)를 정권별로 구분한 차트다. 각 정권 말 서울아파트(주택) 실질지수를 로그차트로 도식화한 것으로, 캔들차트를 직관적으로 보면 기울기가 가장 급한 구간은 노태우 대통령 구간이었고 김대중/노무현 대통령 구간도 기울기가 급했다. 최근의 문재인 대통령 구간도 기울기가 급하다. 의외로 박정희 대통령 구간은 강남아파트의 폭등에도 불구하고 물가의 폭등기와 겹치기 때문에 장기적으로는 완만한 모습을 보인다.

캔들차트를 다시 재임기 말 종가를 굵은 라인으로 연결한 선들을 보면 폭등기 후반 2년간 급한 조정을 보인 노태우 대통령기간보다 임기말까지 5년 내내 상승한 문재인 대통령 상승 기울기가 더 급한 모습을 알 수 있다.

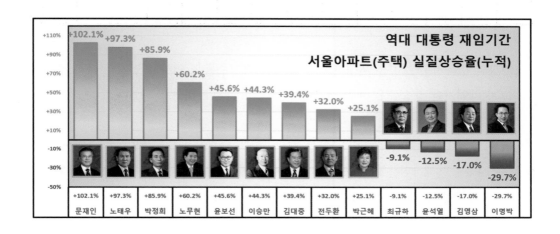

한편 5.16 격변기 실권을 상실한 윤보선 대통령 급등 구간을 실제 정권을 장악했던 박정희 대통령 구간에 포함시키면 박정희 대통령 구간도 장기간 상당한 상승을 했던 모습을 볼 수 있다. 물론 10.26 직후 1년도 안 되는 최규하 대통령 급락 구간도 실권을 행사했던 전두환 대통령 구간에 포함시키면 전두환 대통령 기간의 실제 상승률은 아주 미미했다.

하락 구간으로는 최규하, 김영삼, 이명박 대통령 구간이 보이는데 하락 기울기가 제일 급한 구간은 이명박 대통령 구간이다. 그러나 퇴임 이후에도 지속된 IMF 폭락기를 포함한다면 김영삼 대통령 재임중의 폭락이 더 크다고 볼 수 있다. 이를 수치와 함께 막대차트로 정리하면 다음과 같다.

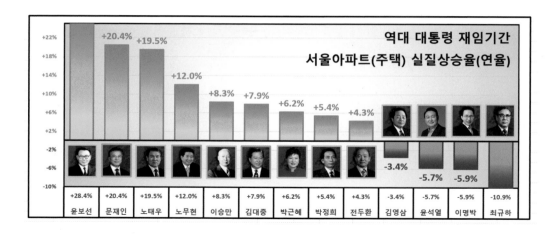

+28.4%	+20.4%	+19.5%	+12.0%	+8.3%	+7.9%	+6.2%	+5.4%	+4.3%	-3.4%	-5.7%	-5.9%	-10.9%
윤보선	문재인	노태우	노무현	이승만	김대중	박근혜	박정희	전두환	김영삼	윤석열	이명박	최규하

장기간의 명목지수 보정을 위해 모든 시기에 물가지수를 반영하고 임기가 다른 점을 보정하고자 재임기의 상승률을 재임 기간으로 나누어 연율로 비교를 하였다.

실권을 상실했던 윤보선 대통령 구간을 제외한다면 문재인 대통령 재임기의 상승률이 연율로 +20.4%에 달해 1위를 기록하고 있다. 비슷한 이유로 매우 짧았던 최규하 대통령 재임기를 제외하면 실제 최대 하락률은 이명박 대통령 구간으로 매년 -5.9% 하락하여 최하위를 기록하고 있다. 그런데 최근 1년여간 반등하기 전까지는 현 윤석열 대통령 재임 기간의 하락률이 1위였다.

지금까지 서울아파트(주택) 상승률을 정권별로 구분해 보았는데 이를 현재의 서울아파트 시장에 응용하려는 이유는 3년 전 저서에서 주장한 대로 현재의 서울아파트 흐름이 과거 노무현 정부 이후 이명박 정부 때와 매우 흡사하기 때문이다. 당시 8년간 상승 후 1년 남은 정권 말에 버블세븐이 붕괴된 상황이 이번에도 비슷하게 진행되고 있다. 현 정부 출범 8개월 전인 2021년 9월부터 노도강 등을 시작으로 아파트값이 하락으로 돌아선 지역이 많았기 때문이다.

직전 문재인 정부의 서울아파트 시장이 9년간의 상승을 마감하고 급락 반전했듯이 이번에도 김영삼 대통령 또는 이명박 대통령 시즌 2를 반복할 가능성이 있다. 지난 70년간의 정권별 자산 시장 흐름은 그 형태를 바꾸며 반복해 왔기 때문이다.

    그럼 현 윤석열 대통령 재임기의 서울아파트 흐름이 왜 이명박 대통령 재임기를 반복할 가능성이 높은 지 3년 전 저서와 1년 전 영상을 복기하며 파동 이론으로 비교해 보자. 이번에 살펴볼 구간은 이번 그랜드 슈퍼사이클 3파가 시작된 1987년 5월 이후의 노태우 대통령 재임기부터다.

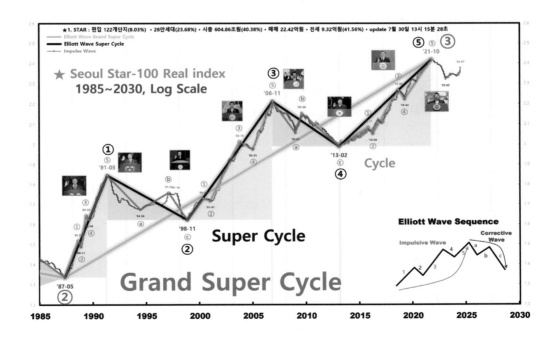

이 기간은 총 5개의 파동으로 구분되는데, 상승 1파는 1991년 5월까지의 노태우 대통령 구간, 조정 2파는 1998년 11월까지의 김영삼 대통령 구간, 상승 3파는 2006년 11월까지의 김대중-노무현 대통령 구간, 조정 4파는 이명박 대통령 구간이고 마지막 상승 5파는 2021년 10월까지 박근혜-문재인 대통령 구간까지다.

즉, 노태우 대통령 취임 직전 시작된 초대형 장기상승 3파는 장기간 우상향을 거듭하다 문재인 대통령 퇴임과 함께 34년간의 수명을 다했다. 그런데 서울아파트 시가총액 86%를 반영하는 EL-Chart 상투는 월고점평균으로 10월, 일간으로는 2021년 12월 7일이지만 변곡점을 가장 잘 나타내 주고 서울아파트 시가총액 41%를 반영하는 STAR-100 지수의 상투일은 문재인 대통령 퇴임 전날인 2022년 5월 8일이다.

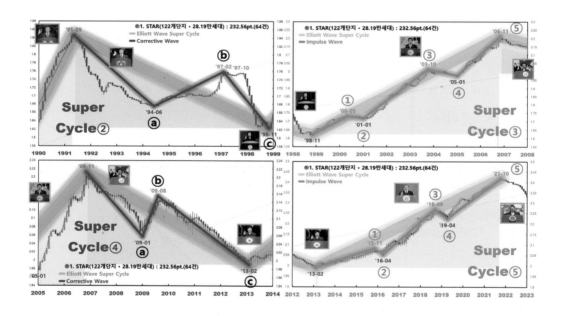

엘리어트 파동 이론 중에는 "파동반복의 법칙"과 "파동균등의 법칙"이 있다. 5개의 파동 중 상승파인 3개의 파동과 조정파동인 2개의 파동은 각각 그 기간과 진행 형태가 비슷한 경우가 많다는 것인데 이를 지난 34년간의 각 파동에 적용해 보면 정말 흡사한 모습을 발견할 수 있다.

즉, 5개의 하위파동으로 8년간 폭등했던 김대중-노무현 대통령 기간의 슈퍼사이클 3파와 9년간 폭등했던 박근혜-문재인 대통령 기간의 슈퍼사이클 5파가 복사하듯 일치한다. 또한 7년 넘게 폭락했던 조정 2파는 대부분 김영삼 대통령 구간에 진행이 되었는데 6년 2개월간 폭락했던 이명박 대통령 재임기의 조정 4파와 매우 흡사하다. 물론 조정파 내에서의 하위파동의 형태는 조금 차이가 난다.

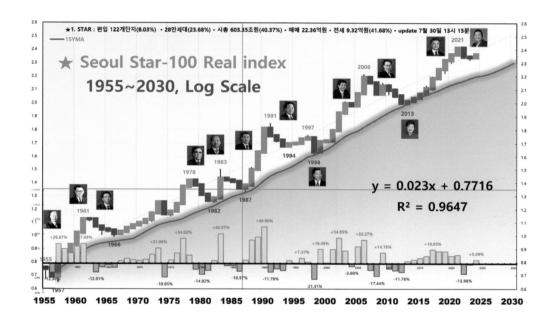

두 차례의 조정파를 연봉으로 보면 그 유사성이 확연히 드러난다. 김영삼 대통령 당시 7년 6개월 기간을 세분해 보면 3년 하락 후 4년 반등, 이후 1년간 대폭락을 거쳤다. 연봉 캔들 형태로는 3+4+1 형태다. 이에 반해 이명박 대통령 당시에는 6년 2개월간 2년 하락 후 1년 반등, 이후 3년간 폭락세를 보였었다. 즉 2+1+3 형태다. 그러나 당시의 조정 기간이 6년 2개월이었지만 연말 상투, 연초 바닥을 형성했기 때문에 기술적 분석에서 사용되는 캔들 수로는 8캔들이라는 공통점도 있다. 필자가 3년 전 저서에서 서울아파트는 2021년 상투를 칠 것이고 8년간의 조정을 보일 것이라고 주장했던 밑바탕에는 이러한 "8캔들 법칙"이 자리 잡고 있다. 참고로 최초의 상승파동이었던 노태우 1파 직전에도 1979년부터 1987년까지 8년간 장기 조정을 거쳤다.

그럼 이번 윤석열 정부의 조정파동은 어떤 형태일까? "파동반복의 법칙"이 적용될지, "파동 변형의 법칙"이 적용될지 필자도 매우 궁금하다.

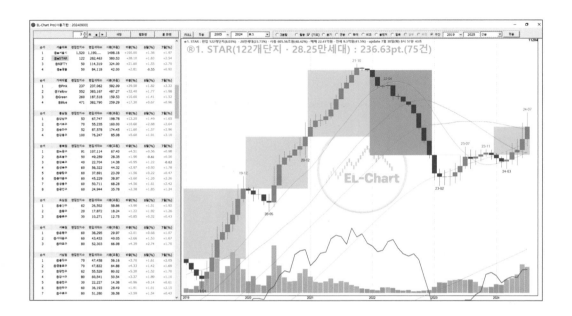

서울아파트 전체 지수보다 변곡점을 더 잘 반영해 주는 STAR 지수를 물가지수로 보정해 최근의 반등파동을 보면 월중 저점 기준으로 작년 2월, 종가 기준으로는 3월에 저점을 형성한 후 최근까지 1년 넘게 반등 중이다. 필자는 조만간 이번 반등파동이 종료되고 재차 하락파동을 이어갈 것으로 예상하고 있다.

필자가 이번 급등세를 상승파가 아닌 반등파로 카운팅하는 이유는 대략 2가지다. 일단 3년 전 저서에서 주장했듯이 이번의 조정파는 지난 34년간의 전체 상승파에 대한 조정파라 최소 6~8년이 지속될 것이고 단기적으로 보아도 2021년 10월 상투 이후의 16개월간 하락에 비해 7월까지 17개월간 절반 정도만 회복하고 있기 때문이다. 즉, 하락 때보다 더 긴 기간 동안 절반밖에 회복 못 한 것은 상승이 아닌 반등이라는 주장을 뒷받침해 준다.

그렇다면 이번 반등이 조만간 끝나고 올 조정파는 최소 3년이 넘을 것으로 계산하는 것이 과거 김영삼, 이명박 두 대통령 재임기의 조정파와 비슷하게 되어 파동 균등의 법칙과 파동 반복의 법칙에 부합한다. 3년 전 계산한 저점 시기는 2028년 2월(이명박 4파)에서 2029년 4월(김영삼 2파) 사이였다. 물론 필자의 주장과는 달리 예상치 못한 "파동변형의 법칙"이 진행되거나 애당초 최근 1년이 넘는 서울아파트의 흐름이 반등파가 아닌 상승파였다면 필자가 주장하는 그런 조정이 없을 수도 있다. 파동론은 항상 예측대로 되는 절대 법칙이 아니기 때문이다.

어쨌든 필자의 예상으로는 김영삼 대통령 이후부터 반복되는 "보수정권의 서울아파트 폭락" 징크스가 이번 윤석열 정부에서도 반복될 가능성이 높아 보인다. 그렇다면 3년 전 상투기에 처분하지 못하고 지금까지 서울아파트의 "평균적인 아파트"를 소유한 다주택자라면 이번 반등장을 이용해 연말까지는 비중을 축소하여 위험관리에 집중하는 전략이 바람직하고 1주택자라도 과도한 레버리지를 사용하고 있다면 부채관리에 신중해야 할 듯하다. 물론 무주택자는 이번 반등파동에 진입하는 유혹을 피하고 오히려 앞으로 올 하락 C파를 대비하고 기회를 기다려야 할 것으로 생각된다. 조정파 중 하락 C파는 IMF 때처럼 직전 상승 4년을 한 번에 잡아먹거나 저축은행 사태 때처럼 3년 동안 장기간 하락했다는 것에서 경험했듯 충격이 가장 커서 "킬러 C파"라는 별명이 붙어 있기 때문이다.

6

10년 전의 고건 & 15년 전의 오세훈, '데자뷰와 평행 이론'!

오세훈 시장 취임 6개월차 서울아파트 폭락반전 징크스!

엘리엇TV
구독자 5.37만명

혜택 보기   분석   동영상 수정   👍 369   👎   ↗ 공유   ↓ 오프라인 저장   …

조회수 4,559회 2021. 10. 21. #국제유가 #기준금리 #부동산폭락
★ 자료 다운로드 네이버카페 안내.

　김영삼 대통령과 이명박 대통령 시기의 서울아파트 폭락이 기간과 낙폭, 진행 형태에서 매우 흡사한 모습을 보였듯이 데자뷰나 평행 이론처럼 부동산의 장기시계열에서도 비슷한 흐름을 보이는 기간이 반복되는 현상을 발견할 수 있다. 그런데 역대 대통령뿐만 아니라

서울시장과 서울아파트 등락 사이에서도 이러한 관계를 찾아볼 수 있다. 대통령 평행 이론과 다른 점은 다른 인물과의 관계가 아닌 바로 과거 자신과의 평행 이론이라는 점이다.

오세훈 서울시장이 취임한 지 6개월 후인 2021년 10월, 필자는 과거 2006년 당시를 상기시키며 지금이 서울아파트 상투일 가능성이 있다는 방송을 한 적이 있다. 즉, 부동산에도 기시감(既視感)이 존재한다는 것인데 결과적으로 10월에 상투를 친 서울아파트는 천천히 그 방향을 튼 후 이듬해 대통령 취임 직후 폭락했다.

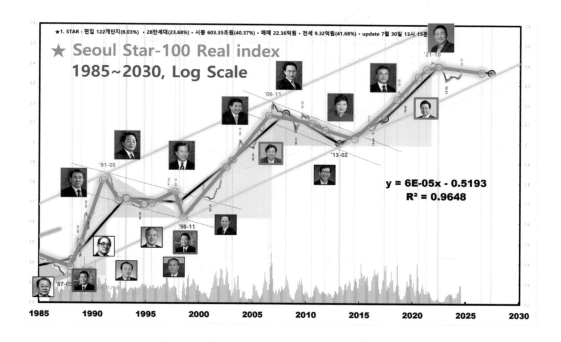

1987년 시작된 대세상승 이후의 서울아파트 실질지수에 역대 서울시장을 매칭시켜 보면 재미있는 사실을 발견할 수 있다. 역대 서울시장 중 연임이 아닌 장기간의 시간차를 두고 중임한 서울시장이 2명 있는데 바로 고건 전 서울시장과 오세훈 현 서울시장이다.

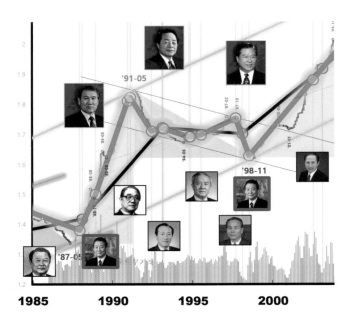

1988년 노태우 정부 출범 시작부터 관선시장으로 재임했던 고건 전 서울시장은 IMF 직후 김대중 정부 초기인 1998년에도 4년간 민선시장으로 재임을 했다. 10년만에 다시 서울시장이 된 것이었다. 고건 서울시장 시절 서울아파트의 폭등세는 실로 놀라울 정도였다. 노태우 정부와 김대중 정부시절 서울시장을 역임했던 고건 시장 기간의 누적 상승률은 182%의 폭등세를 기록한 것이다.

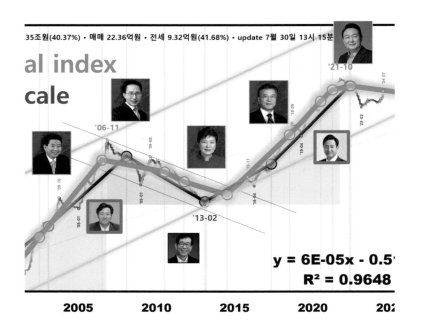

반면 현 오세훈 시장은 2006년 11월의 버블세븐 상투 직전인 7월에 임기를 시작했었고 15년 후인 2021년, 이번 10월 상투 직전인 4월에 두 번째 임기를 시작했다. 공교롭게도 두 번 모두 8년 상승과 9년 상승의 막바지에 서울시장직을 시작한 것이다. 오세훈 시장이 취임 후 저축은행 사태로 서울아파트가 폭락하던 2011년 퇴임하기 까지의 5년과 취임한 지 3년이 지난 지금까지를 누적하면 서울아파트는 -22% 하락한 상태다.

순위	취임	서울시장	상승율
\multicolumn{4}{c}{역대 서울시장 재임기간 서울아파트 실질상승율(누적)}
1	1988-12	고 건	+182.5%
2	2011-10	박원순	+111.8%
3	2002-07	이명박	+83.0%
4	1987-12	김용래	+32.1%
5	1995-07	조 순	+13.5%
6	1992-06	이상배	+2.6%
7	1994-11	최병렬	+1.3%
8	1993-03	이원종	-6.1%
9	1983-10	염보현	-17.5%
10	2006-07	오세훈	-22.2%
11	1991-02	이해원	-22.5%
12	1997-09	강덕기	-25.1%

역대 서울시장 재임기간 서울아파트 실질상승율(연율)			
순위	취임	서울시장	상승율
1	1988-12	고 건	+70.2%
2	1987-12	김용래	+34.3%
3	2002-07	이명박	+20.7%
4	2011-10	박원순	+10.5%
5	1995-07	조 순	+6.2%
6	1992-06	이상배	+3.9%
7	1994-11	최병렬	+2.0%
8	1993-03	이원종	-3.8%
9	1983-10	염보현	-4.2%
10	2006-07	오세훈	-6.0%
11	1991-02	이해원	-16.6%
12	1997-09	강덕기	-31.1%

1987년 이후 대세상승기 동안의 서울아파트 상승률을 역대 서울시장 재임 기간으로 구분하여 정리하면 위와 같다. 몇 개월에 불과했던 시장의 경우를 제외하면 이 기간 서울아파트 가격이 가장 많이 상승한 시장 순서로는 고건 +182%, 박원순 +111%, 이명박 +83% 순이다.

+182.5%	+111.8%	+83.0%	+32.1%	+13.5%	+2.6%	+1.3%	-6.1%	-17.5%	-22.2%	-22.5%	-25.1%
고 건	박원순	이명박	김용래	조 순	이상배	최병렬	이원종	염보현	오세훈	이해원	강덕기

하락률 하위 시장 순서로는 IMF 시절의 강덕기 -25.1%, 1991년 상투 이후의 이해원 -22.5% 순인데 리먼 사태 시절의 기간과 현재까지의 기간을 더한 오세훈 현 시장도 누적으로 -22.2%를 기록 중이다.

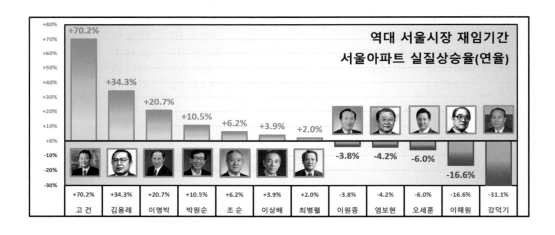

+70.2%	+34.3%	+20.7%	+10.5%	+6.2%	+3.9%	+2.0%	-3.8%	-4.2%	-6.0%	-16.6%	-31.1%
고 건	김용래	이명박	박원순	조 순	이상배	최병렬	이원종	염보현	오세훈	이해원	강덕기

이를 연율로 보정해 보면 재임 기간의 차이로 인해 2위 박원순 시장과 4위 김용래 시장의 순위가 서로 바뀌게 된다. 한편 이명박 시장의 재임기 서울아파트 상승률은 누적으로 +83.0%, 연율로도 +20.7%로 3위를 기록했으나 대통령기에는 누적으로 -29.7%, 연율로도 -5.9%의 최하위를 기록했다. 건설회사 CEO 출신으로 서울시장에 당선이 되어 재임 기간 서울아파트가 폭등했으나 정작 대통령에 당선된 이후에는 정 반대로 극과 극의 현상이 나타난 것을 보면 아이러니하다.

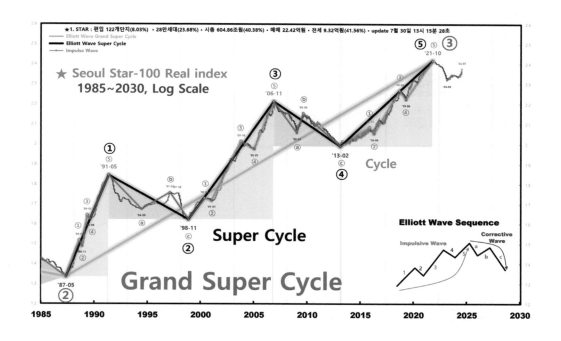

부동산에서 나타나는 데자뷰 현상이나 평행 이론, 기시감 등은 같은 형태의 시세가 반복해서 나타난다는 의미로, 엘리어트 파동 이론에서 상승파끼리 또 조정파끼리 유사한 패턴을 보인다는 것과 비슷한 맥락이다.

따라서 고건 시장처럼 대세상승기 때마다 재임한 경우에는 서울아파트 상승률이 높을 수밖에 없으며 오세훈 시장처럼 대세하락 직전에 임기를 시작한 경우는 폭락한 성적표를 받아들 수밖에 없을 것이다. 물론 재임기 서울아파트값의 등락이 서울시장 역할에 대한 평가가 될 수는 없으며 서울아파트 등락에 따른 호불호를 가릴 수도 없는 일이다.

이렇듯 두 서울시장 재임기 때 나타난 데자뷰 현상이 비슷함을 근거로 필자는 2021년 10월 정점을 형성하고 서울아파트는 대세하락에 진입할 것이라고 주장했고 이러한 추세는 향후 3년 이상 진행될 것이라고 예상하고 있는 것이다.

7

문재인 대통령 퇴임일,
'5.9 대학살'과 '5.24 엠바고'

충격! 어제 무슨 일? 아파트 하락거래 大폭발!

엘리엇TV
구독자 5.25만명

혜택 보기   분석   동영상 수정

👍 1.1천   👎   ↗ 공유   📢 홍보하기   ⬇ 오프라인 저장   ⋯

조회수 15,582회 2022. 5. 25. #영끌 #금리인상 #기준금리
★ 자료 다운로드 네이버카페 안내.
https://cafe.naver.com/elliottttv

    2022년 5월 9일은 문재인 대통령의 퇴임일이자 윤석열 대통령의 취임을 하루 앞둔 날이다. 그런데 이 날은 직전 연도인 2021년 12월 7일(월봉은 10월) 34년간의 서울아파트 大상투 5개월 후로 시장의 바로미터인 STAR 지수(시가총액 상위 122개 단지)가 상투를 친, 서울아파트에 있어서는 또 다른 역사적인 날이기도 하다.

그런데 같은 달 5월 24일, 국토부 실거래가 공개시스템에 황당한 통계들이 등록되었다. 전날까지 특별한 등락 없던 서울아파트 실거래가지수는 보름 전인 5월 9일에 계약된 시가총액 2위의 송파구 파크리오 거래로 대폭락을 기록했으며 그 이후의 보름간 시총 상위 단지들의 실거래가 폭락 거래도 한꺼번에 수십 개 등록되었다.

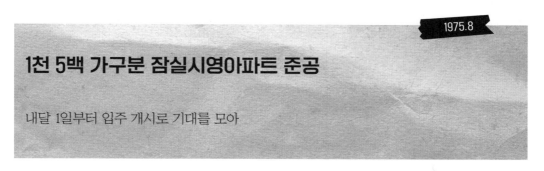

잠실시영아파트를 재건축해 2008년 8월 입주한 파크리오는 2018년 12월 헬리오시티가 입주하기 전까지 10년 동안 서울아파트뿐만 아니라 전국 시가총액 1위를 기록한 6,864세대의 초대형 단지였다. 가격이 조금만 움직여도 서울아파트 시장에 큰 영향을 미친다.

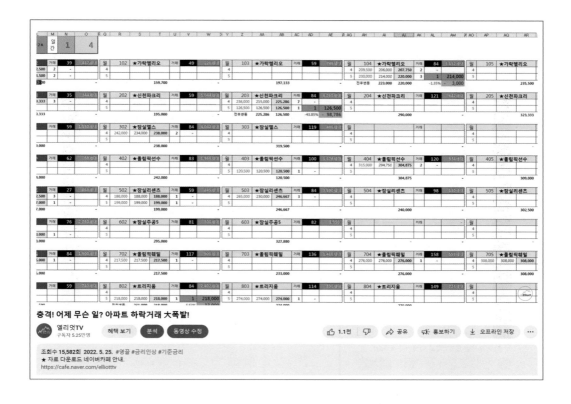

매일 실거래가 자료를 다운받아 지수를 산출하며 방송을 하던 필자에게는 몇 년 동안 보지 못했던 그야말로 충격적인 사건이었다. 그동안에도 폭락이나 폭등의 실거래가 등록이 가끔 있기는 했으나 이렇게 한꺼번에 서로 다른 날의 거래가 동시에 등록되며 차트가 부러진 경우는 없었기 때문이었다.

월	203	★신천파크리		거래	84	4,260세대
4	236,000	215,000	225,286	7	-	
5	126,500	126,500	126,500	1	1	126,500
	전후변동	225,286	126,500		-43.85%	- 98,786

이날의 방송 자료를 보면 송파구 52개 단지 중 파크리오 34평의 폭락 거래를 볼 수 있다. 특히 6,864세대 중 34평의 단일평형만 해도 4,260세대로 아파트값이 1억만 상승해도 서울아파트 시가총액이 4,260억 원 증가해 지수기여도가 압도적이다. 마치 KOSPI에서 삼성전자나 하이닉스가 차지하는 시가총액 비중 역할을 한다.

그런데 5월 9일 12.6억 원에 계약된 실거래가는 한 달 전의 월평균 22.5억 원에 비해 10억 원이 폭락한 거래이고 직전 달에 계약된 최고가인 23.6억 원에 비하면 11억 원이 폭락한 거래였다. 이날의 황당한 거래로 하루에 서울아파트 시가총액이 무려 4조 7천억 원이 사라진 셈이다.

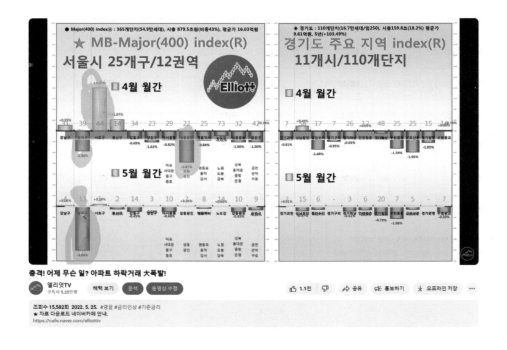

특히 이날 거래로 강남3구 중 4월과 5월에도 연속 신고가 행진을 하고 있던 강남구와 서초구와는 반대로 송파구만 5월 들어 -4.04% 폭락을 하며 2개월 연속으로 폭락세를 이어간 것이다.

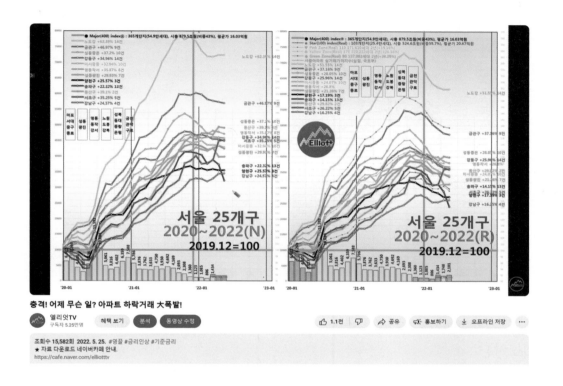

충격! 어제 무슨 일? 아파트 하락거래 大폭발!

엘리엇TV
구독자 5.25만명

혜택 보기   분석   동영상 수정

👍 1.1천   👎   ↪ 공유   📢 홍보하기   ⬇ 오프라인 저장   ⋯

조회수 15,582회 2022. 5. 25.   #영끌 #금리인상 #기준금리
★ 자료 다운로드 네이버카페 안내.
https://cafe.naver.com/elliotttv

서울 25개 구 지수를 매일 집계해서 방송을 했던 24일의 실거래가 지수는 서초구(초록색)와 강남구(붉은색)의 폭등세와 반대로 송파구(파란색)만 폭락세로 바뀐 것을 볼 수 있다. 특히 물가지수를 감안한 우측의 실질지수를 보면 송파구는 이미 전년도 10월에 상투를 기록하고 먼저 꺾였던 흐름도 확인이 된다. 실질지수의 효용성이 여실히 드러나는 순간이다.

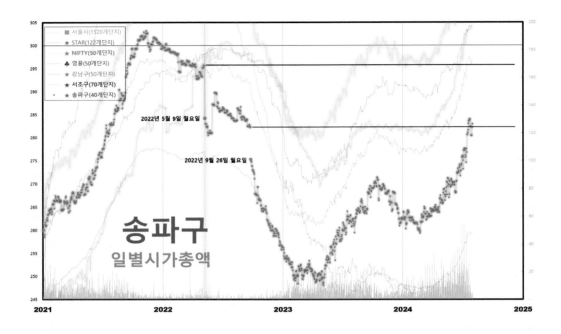

송파구
일별시가총액

2022년 5월 9일 월요일

2022년 9월 26일 월요일

2021　　　　2022　　　　2023　　　　2024　　　　2025

범례:
■ 서울시(1920개단지)
★ STAR(122개단지)
★ NIFTY(50개단지)
♣ 영끌(50개단지)
★ 강남구(50개단지)
★ 서초구(70개단지)
· 송파구(40개단지)

　당시의 송파구 일일지수를 보면 2021년 11월 12일 이미 일봉 상투를 기록한 후 6개월간 지속적인 하락세를 보이다가 5월 9일 거대한 갭하락을 보인 것을 알 수 있다. 이러한 폭락 갭은 4개월 후인 9월 26일에도 발생했다. 바로 시가총액 전국 1위인 9,510가구의 헬리오시티에서다.

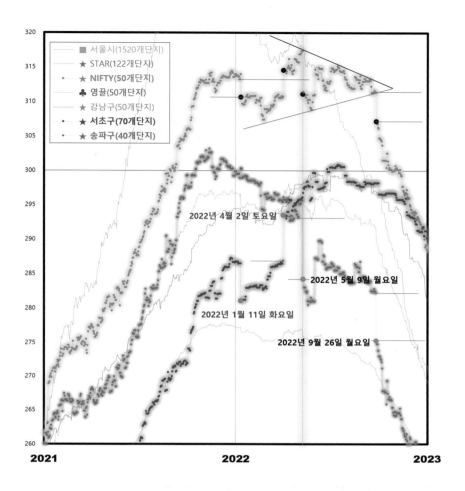

그런데 이때는 동일한 강남3구에 속하는 강남구나 서초구는 지속해서 신고가 행진을 하던 때이다. 서울아파트 시총 최상위인 강남3구와 시총 상위 122개 단지의 STAR 지수 중에서도 가장 민감하게 움직이는 50개 단지로 구성된 NIFTY-TIFTY 지수, 그리고 서울아파트 시가총액 86%를 반영하는 1,520개 단지의 서울아파트 종합 지수를 일자별 점도표로 표시하면 위와 같다.

여기서 주목할 점은 서울아파트 종합 지수(연두색)는 완만한 쌍봉 형태를 보인 반면 NIFTY 지수(레드)는 과격한 H&S(헤드앤숄더) 패턴을 보였다는 점이다. 3개 구의 최고점 시점이 전혀 다름에도 불구하고 묶음 지수에서는 주식 시장에서나 보았던 패턴이 목격되는 것이다.

주식 시장에서의 작전 패턴을 많이 보아왔던 필자의 입장에서는 이러한 흐름이 마치 누군가의 지휘 아래 움직인 것처럼 보였다. 뒷부분에서 또 다루겠지만 이 국면을 주식 시장에서의 작전주 패턴으로 해석을 해 보면 다음과 같다. 전적으로 필자의 뇌피셜이다.

일단 서울아파트 25개 구 중 마지막 파동에서 급등을 했던 노원구부터 2021년 9월 고점을 치고 하락반전한 상태로 송파구는 이보다 2개월 늦은 20211년 11월 12일 고점을 형성하고 조금씩 하락했다. 서울아파트 종합 지수의 최고점은 2021년 12월 7일이다. (월간 고점은 10월)

송파구의 최고점은 NIFTY 지수 입장에서는 헤드앤숄더 패턴 중 왼쪽 어깨에 해당한다. 여타 지역의 하락 진행에도 불구하고 강남구와 서초구의 신고가 행진으로 횡보하던 지수는 1월 11일 서초구 반포주공5단지의 폭락 실거래가로 네크라인을 만든다. 이후 다른 지역의 아파트값들은 더 가파른 하락세를 보이기 시작했고 강남구와 서초구의 신고가 행진이지속되며 5월 8일까지 사상 최고가 행진을 지속했다. 그런데 문재인 대통령 퇴임일인 5월 9일 송파구 파크리오의 폭락 실거래가로 또 다른 우측 네크라인을 만들며 전국 아파트의 대폭락을 예고했다.

필자는 한 달 가까이 이러한 실거래가 흐름을 "음모론" 측면에서 방송을 지속했다. 필자는 거대한 부동산 카르텔이 그들이 원하는 폭락을 만들기 위해 시총 상위 몇 개 단지로 지수를 조정한다고 생각했다. 당시 필자는 파크리오의 후속 거래를 집중적으로 관찰했다.

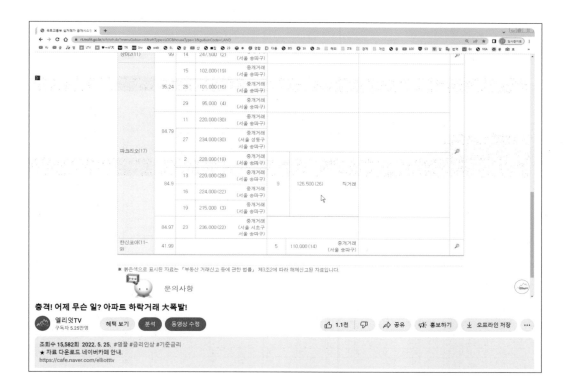

당시 방송 때마다 국토부 실거래가 등록 시스템에 매일 들어가 파크리오 34평 거래를 체크했다. 그런데 신고 기한 30일인 6월 8일까지도 후속 거래가 없었다. 후속 거래가 왜 중요하냐면 폭등이나 폭락 거래가 신고돼도 이후 다른 정상 거래가 몇 개 신고되면 월 평균값은 이전 평균값에서 큰 차이가 나지 않기 때문에 지수 왜곡 현상은 일시적으로 끝나고 곧 정상 흐름으로 복귀하기 때문이다. 실제 "아실"이나 "호갱노노", "리치고" 등의 프롭테크에서도 그래프상에는 월 평균값으로 라인을 표시해 휩소 현상을 제거한다.

방송화면을 보면 직전 4월에는 10건이 넘게 신고된 계약 건수가 5월에는 단 1건뿐이다. 이렇게 되면 시장에는 극도의 공포감이 조성이 되고 레버리지를 과도하게 사용했던 매도자는 마음이 급해지며 하락을 기다리던 매수자도 한 발 빼게 된다. 즉, 시장을 폭락시키려는 세력이 있다면 아주 성공적인 작전이 되는 것이다.

	0 서울아파트	1 강남구 거래	2 서초구 거래	3 송파구 거래	4 강동구 거래	5 노원구 거래	6 도봉구 거래	7 강북구 거래	8 성북구 거래	9 중랑구 거래	10 동대문구 거래	11 성동구 거래	12 광진구 거래	13 용산구 거래
2006년 1월 1일 일요일	5	-	1	-	-	1	-	-	-	-	-	-	-	-
2006년 1월 2일 월요일	72	11	10	6	2	8	4	2	1	1	2	1	-	3
2006년 1월 3일 화요일	102	18	8	13	4	8	3	-	1	2	2	2	-	1
2006년 1월 4일 수요일	124	22	13	11	11	14	5	1	2	1	3	4	1	-
2022년 5월 4일 수요일	45	2	3	-	2	3	1	-	2	2	5	-	1	1
2022년 5월 5일 목요일	43	3	1	1	3	1	1	4	-	-	2	2		
2022년 5월 6일 금요일	177	3	1	4	3	5	1	1	-	127	4	2	1	1
2022년 5월 7일 토요일	52	-	4	2	2	4	2	1	2	2	5	3	2	1
2022년 5월 8일 일요일	10	-	2											
2022년 5월 9일 월요일	54	2	3	5		3	3		2	1	3	1		3
2022년 5월 10일 화요일	59	-	9	2	4	7	2		1	2	-	5	1	1
2022년 5월 11일 수요일	63	6	3	2	4	2	1	2	2	2	5	3	-	4
2022년 5월 12일 목요일	49	8	5	3	1	4	3	1	-	1	2	4	-	1
2022년 5월 13일 금요일	65	4	2	-	3	2	4	1	2	2	-	5	2	1
2022년 5월 14일 토요일	88	6	3	6	5	6	2	3	6	2	2	3	-	1
2022년 5월 15일 일요일	14	1	1	-	2	-	1	-	-	-	-	-	-	1
2022년 5월 16일 월요일	72	4	5	2	5	2	3	1	1	3	2	1	3	4
2022년 5월 17일 화요일	73	6	2	3	3	4	2	1	3	4	6	3	-	2

필자가 당시 의심했던 것은 폭락 거래가 아니었다. 이보다 더 중요한 것은 신고 시점이었다. 5월 9일 이후 신고되지 않던 수많은 거래가 하필 보름 늦은 24일에 한꺼번에 신고된 것이 가장 의심스럽다. 이러한 상황 파악은 매일 실거래가 차트를 그리던 필자만이 눈치챌 수 있었을 것이고 그래서 필자는 "서울아파트 5.9 대학살, 5.24 엠바고"라는 제목 시리즈로 거의 한 달 넘게 방송하며 아파트 매도를 권고했던 것이다. 실제 채널의 많은 구독자들은 최고가 시점인 2021년 가을부터 수도권 아파트 매도를 했으며 그 후기도 11개가 올라가 있다. 물론 고가 아파트가 아닌 평범한 아파트들이었기 때문에 반토막이 난 후에도 별 반등을 못 하고 있어 지금까지도 고마움을 표시하는 구독자들이 많다.

즉, 전후 상황을 종합하면 서울아파트 붕괴를 노리는 거대한 부동산 카르텔은 2021년 9월부터 1년여간 강남구와 서초구 아파트의 신고가를 만들어가며 여타 아파트는 최고가에 이익실현한 후 저점 재매수를 위해 5월 9일 송파구부터 시작해서 2022년 가을, 전국 아파트 전체를 붕괴시킨 것이다. 물론 폭락 이후인 2023년 초에는 반대의 매집 현상도 목격이 된다.

필자가 만약 이 부분을 조사할 수 있는 위치라면 5월 9일의 특이 거래를 포함해 100건도 안 되는 5월 24일 하루치 신고분을 전수 조사해 보고 싶다. 계약한 날짜는 제각각이지만 한날한시에 신고가 된 것은 이들 간에 관련성을 의심해 볼 수 있기 때문이다.

파크리오 📖 매매 전세 월세 　　　전체년도 ∨

| 16평
344세대 | 26평
1044세대 | **33평**
4260세대 | 45평
642세대 | 52평
574세대 | 평플기 |

매매최고 **21.08** 25억 3,000　　　설정 1
전세최고 **21.02** 15억 9,000

계약	일	경과 ↓	가격 ↓	타입	거래동	층
	02		매매 **23억**	84	214동	21층
21.08	30		매매 **21억 5,000**	84	304동	17층
	25		매매 **21억 5,000**	84	228동	20층
	23		매매 **21억 3,000**	84	309동	20층
	21	최고가 매매 **25억 3,000**		84	108동	22층
	18		매매 **21억 9,500**	84	211동	3층
	14		매매 **23억**	84	225동	14층
	11		매매 **22억**	84	228동	11층
	07		매매 **22억 8,000**	84	226동	16층
21.07	23		매매 **22억 2,000**	84	229동	25층
	21		매매 **21억 5,000**	84	306동	15층
	20		매매 **22억 4,000**	84	213동	8층
	20		매매 **22억 6,000**	84	309동	33층

파크리오 📖 매매 전세 월세 　　　전체년도 ∨

| 16평
344세대 | 26평
1044세대 | **33평**
4260세대 | 45평
642세대 | 52평
574세대 | 평플기 |

매매최고 **21.08** 25억 3,000　　　설정 1
전세최고 **21.02** 15억 9,000

계약	일	경과 ↓	가격 ↓	타입	거래동	층
22.06	15		매매 21억 1,500	84	314동	8층
	08		매매 **25억**	84	115동	9층
	01		매매 **21억 2,000**	84	307동	25층
22.05	09	직거래 매매 **12억 6,500**		84	312동	26층
22.04	27		매매 **23억 4,000**	84	212동	30층
	23		매매 **23억 6,000**	84	107동	22층
	19		매매 **21억 5,000**	84	313동	3층
	16		매매 **22억 4,000**	84	308동	22층
	13		매매 **22억**	84	308동	28층
	11		매매 **22억**	84	305동	30층
	02		매매 **22억 8,000**	84	215동	18층
22.03	15		매매 **21억 5,000**	84	309동	18층
	01		매매 **21억 5,000**	84	307동	34층

방송 당시에는 몰랐던 사실인데 5월 9일 단 한 건의 파크리오 거래에서 또 다른 수상한 점을 발견하게 되었다. 당시 폭락 거래가 9개월 전인 2021년 8월의 사상 최고가의 정확히 절반이라는 것이다. 지금까지도 파크리오 34평 최고가는 25억 3천만 원이다. 그런데 문재인 대통령 퇴임일의 직거래는 12억 6천5백만 원이었다. 1원 한 장 틀리지 않는 정확히 반토막 거래이다.

특히 이삼십 억 원 하는 초고가 아파트 거래에서 백만 원 단위의 거래는 거의 찾아볼 수 없음에도 불구하고 끝자리가 500만 원이라는 것은 직전 사상 최고가의 절반 가격을 의식했다고 볼 수 있다. 즉 9개월 전 사상 최고가 거래와 이번 반토막 거래의 당사자 사이에는 어떤 관계가 있을 수도 있겠다는 아주 상식적인 의심이 든다. 또한 정말 9일에 계약을 하고 24일에 신고한 것인지, 혹시 여타 거래가 없다는 것을 확인한 후 24일에 계약서를 작성하고 9일에 계약했다는 전산입력을 한 것은 아닐지도 의심이 된다. 물론 이 문제는 실제로 계약금을 9일에 이체했는지 확인하면 금방 확인될 일이지만…

고덕래미안힐스테이트   전체년도 ∨

24평 839세대	28평 24세대	29평 96세대	39평 372세대	41평 4세대	**34평** **2003ㅅ**	평풀기

매매최고 **21.01** 17억 2,000   설정 1
전세최고 **21.08** 10억 5,000

계약	일	경과 ↓	가격 ↓	타입	거래동	층
21.09	25		매매 **16억 5,000**	84P	201동	14층
	11		매매 **16억 5,000**	84D	208동	27층
	09		매매 **15억**	84B	111동	5층
	09		매매 15억	84B	111동	5층
	04		매매 **16억 6,000**	84A	111동	12층
	03	최고가 매매 **17억 2,000**		84A	306동	6층
21.08	21		매매 **16억 2,000**	84P	206동	4층
	21		매매 **16억 5,000**	84B	112동	31층
	14		매매 **17억 1,500**	84C	116동	10층
	10		매매 **17억 1,500**	84P	125동	10층
21.07	31		매매 **16억 5,000**	84B	112동	9층
	31		매매 **16억 7,000**	84P	125동	2층

고덕래미안힐스테이트   전체년도 ∨

24평 839세대	28평 24세대	29평 96세대	39평 372세대	41평 4세대	**34평** **2003ㅅ**	평풀기

매매최고 **21.01** 17억 2,000   설정 1
전세최고 **21.08** 10억 5,000

계약	일	경과 ↓	가격 ↓	타입	거래동	층
23.01	31		매매 **12억 7,000**	84A	111동	19층
	30		매매 **13억**	84P	206동	19층
	26		매매 **13억 5,000**	84C	117동	4층
	25		매매 **13억**	84C	116동	15층
	16		매매 **11억 3,000**	84D	122동	2층
	12	직거래 매매 **8억 6,000**		84P	124동	2층
	05		매매 **10억 8,000**	84D	210동	12층
22.11	05		매매 **12억 2,600**	84D	210동	13층
22.08	29		매매 **14억 9,600**	84D	121동	15층
22.05	29		매매 **15억 8,000**	84P	206동	14층
	24		매매 **16억**	84A	113동	21층
	17		매매 **14억 8,500**	84A	111동	7층

파크리오 사례뿐만 아니라 이러한 절반 가격 의심 사례는 여러 단지에서 목격이 되었는데, 강동구 고덕래미안힐스테이트에서도 똑같은 방식의 실거래가 신고가 있었다. 서울아파트가 폭락의 절정에 달하던 2023년 1월, 34평의 실거래가에 8.6억 원의 충격적인 계약 건이 등록이 되었다. 물론 파크리오의 경우처럼 직거래다. 지금까지도 사상 최고가인 2021년 9월의 17.2억 원을 반으로 나누면 8.6억 원이 된다. 이 책을 집필하고 있는 7월 말 현재 고래힐 실거래가는 또다시 17억 원을 넘보는 수준까지 폭등했으니 8.6억 원의 공포감으로 이보다 조금 높은 10~11억 원대에 매집을 했다면 아주 훌륭한 작전 성공이다. 파크리오와 고래힐 등 이러한 반토막 실거래가 등록된 아파트들의 공통점은 시가총액 상위 아파트로 구성된 "KB 선도지수 50"에 포함이 되며 각 지역의 2-3위 아파트로 대장주라는 점이다.

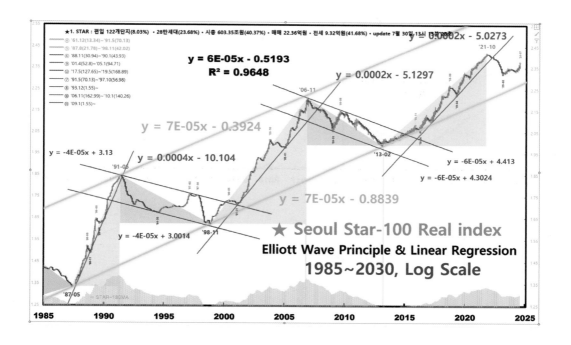

그럼 왜 변창흠 장관이 의심했던 거대한 "부동산 네트워크"는 5월 9일 "서울아파트 대학살"에 나섰을까? 필자는 바로 "추세붕괴"에 목적이 있다고 생각한다.

1955년 이후의 서울아파트 실질지수를 보면 이미 설명했듯이 1991년 노태우 1파와 2007년 노무현 3파의 추세이탈 때처럼 2022년 문재인 5파의 추세이탈에 필요한 시점이 상투를 친 몇 개월 후이고 그 실행일로 문재인 대통령 퇴임일인 5월 9일을 선택했을 가능성이 높다고 생각한다.

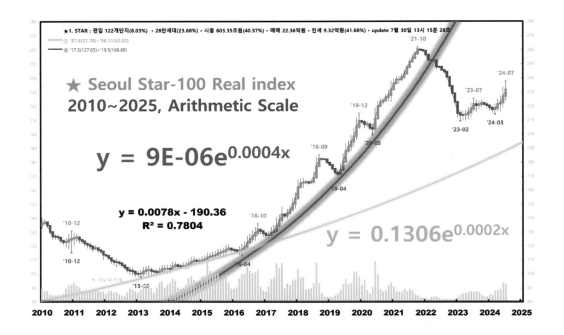

실거래가 월 평균값 기준으로 2021년 10월 상투를 친 이후의 서울아파트 STAR 지수를 보면 9년간의 상승추세를 그리는 곡선 형태의 지지선이 보인다. 수익률 개념의 로그차트 1차 함수의 직선은 산술차트로 치환하면 지수함수의 곡선을 그리게 된다.

2016년 4월의 저점(P1)과 2019년 4월의 저점(P2)를 연결한 지지선이 무너지느냐 마느냐의 기로가 바로 문재인 대통령 퇴임 시기인 5월 전후가 된다.

"집값 급등, 코로나, 영끌 등"
남탓으로 가득한 文 퇴임사

盧 퇴임사와 비교되어 '달나라 대통령' 오명 얻어

문재인 대통령 재임 기간인 5년 동안 단 한 해도 빼놓지 않고 서울아파트는 상승을 거듭했다. 역대 대통령 임기 중 5년 연속 상승했던 경우는 한 번도 없었고 상승률도 거의 폭등 수준이라 정부수립 이후 역대 대통령 중 재임기 상승률 1위를 기록했다. 그런데 자신들의 자산 증식에 큰 도움(?)을 준 대통령에게 고마워해야 할 "기득권 네트워크"는 정반대로 부동산 관련해서는 비난을 한다. 아마도 뒤로는 웃고 있을 듯하다.

8

10월 상투,
'싱크홀'과 송파구 '9.26 아일랜드갭'

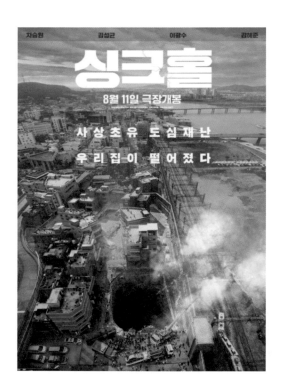

2021년 8월 개봉한 "싱크홀"을 참 재미있게 보았다. 한 가정의 가장이자 직장인이 늦은 나이에 어렵게 마련한 집에서 집들이를 하던 동료 직원들과 겪는 재난영화로 "서울아파트 폭락" 서적을 출간한 직후라 필자에게는 남다른 의미로 다가왔다.

우선 포스터의 배경 사진이 편집은 되었지만 누가 딱 봐도 한강 변 잠실이었다. 특히 "싱크홀" 하면 떠오리는 뉴스가 지하철 9호선 공사 당시 발생했던 잠실 싱크홀로 개통이 1년 이상 늦어졌었다. 또한 부제목이 "우리 집이 떨어졌다"이다. 마치 당시 영끌족과 패닉바잉 이라는 단어가 9시 뉴스에 한참 보도되던 때라 마치 "우리 집값이 떨어졌다"로 해석할 수도 있다. 실제 영화 내용에는 집 한 채 사려고 갖은 고생을 했던 40대 가장의 주인공이 재해로 발생한 싱크홀에 떨어진 자기 집을 지키려고 사투를 벌이는 내용이 인상적이었다. 아마도 영화감독은 당시에 온 국민이 빠져들었던 부동산 열풍과도 관련하여 영화를 만들지 않았을까 하는 추측도 해본다. 그런데 실제 이 영화가 개봉이 된 2개월 후 서울아파트는 역사적 상투를 치고 진짜로 "우리 집이 떨어지기" 시작한 것이다.

이듬해 8월에도 "콘크리트 유토피아"라는 영화가 개봉이 되었는데 서울에 대지진이 발생해 폐허가 되었을 때, 무너지지 않은 단 하나의 아파트 안에서 생존자들이 끝까지 살아남기 위해 무자비한 싸움을 한다는 스릴러 영화다. 마치 아파트값 폭락장에서도 우리 아파

트만 살아남으면 된다는 광기 어린 인간의 탐욕을 보여주는 듯했다. 그런데 이 영화가 개봉된 지 2개월 후, 연초부터 반등하던 서울아파트값이 10월 재차 하락세로 돌아섰고 이후 올해 초 반등장에서는 서울아파트만, 그 중에서도 주요 지역과 주요 아파트만 반등을 했다. 영화에서처럼 전국이 무너졌는데도 서울의 주요 아파트만 살아남은 것이다.

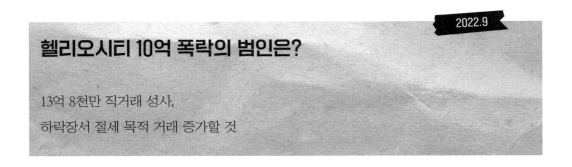

헬리오시티 10억 폭락의 범인은?

2022.9

13억 8천만 직거래 성사,
하락장서 절세 목적 거래 증가할 것

싱크홀 영화가 개봉되고 2개월 후에 서울아파트 종합 지수는 상투를 쳤고 이듬해인 2022년 5월 9일에 이미 파크리오 사태로 갭하락했던 송파구 아파트값은 4개월이 지난 9월 26일, 또 한 번의 대폭락을 기록한다.

**현대·삼익이
가락시영아파트 맡는다**

1981.7

다음 주 착공하여 82년 4월 입주를 목표로

이번에는 파크리오보다 시가총액이 훨씬 더 큰 헬리오시티에서 벌어진 일이다. 헬리오시티는 가락시영아파트를 재건축해 2018년 12월 입주한 9,510세대의 초대형 단지라 올 11월 둔촌주공이 입주하기 전까지는 지금도 전국 시가총액 1위의 아파트다. 따라서 가격이 조금만 오르내려도 서울아파트 시가총액이 큰 폭으로 변동되어 지수가 출렁이기 십상이다.

헬리오시티 🔖					전체년도 ∨
19평 487세대	22평 220세대	25평 746세대	**33평 5132세대**	38평 596세대	평풀기
매매최고 **21.10 23억 8,000**					설정 1
전세최고 **22.03 15억 8,000**					

계약	일	경과 ↓	가격 ↓	타입	거래동	층
	04		매매 22억 8,000	84BCD	409동	9층
21.11	27		매매 22억 1,000	84BCD	213동	21층
	17		매매 22억	84AEG	205동	6층
	05		매매 24억 5,000	84F	102동	17층
21.10	02		매매 22억 5,500	84AEG	206동	5층
	02		최고가 매매 23억 8,000	84F	203동	29층
21.09	27		최고가 매매 23억 8,000	84BCD	318동	30층
	14		매매 23억 7,000	84AEG	414동	18층
	11		매매 22억 7,500	84J	301동	11층
	11		매매 22억 7,000	84BCD	202동	10층
21.08	31		매매 19억 3,000	84AEG	219동	2층
	21		매매 22억 5,000	84AEG	414동	8층
	14		매매 21억	84AEG	405동	7층
	07		매매 23억 7,000	84BCD	515동	25층
21.07	29		매매 22억 5,000	84BCD	201동	24층

헬리오시티 🔖					전체년도 ∨
19평 487세대	22평 220세대	25평 746세대	**33평 5132세대**	38평 596세대	평풀기
매매최고 **21.10 23억 8,000**					설정 1
전세최고 **22.03 15억 8,000**					

계약	일	경과 ↓	가격 ↓	타입	거래동	층
	04		매매 18억 5,000	84AEG	413동	16층
	02		매매 18억 500	84BCD	412동	22층
22.10	31		매매 18억 6,500	84F	201동	12층
	29		매매 18억	84AEG	206동	8층
	24		매매 17억 9,500	84BCD	202동	6층
	16		매매 17억 8,500	84BCD	417동	5층
22.09	26		직거래 매매 13억 8,000	84AEG	418동	20층
22.08	26		매매 22억	84BCD	112동	23층
	06		매매 20억 9,000	84L	212동	10층
22.07	25		매매 21억	84BCD	218동	23층
	05		매매 20억 7,000	84F	203동	7층
	04		매매 21억	84J	505동	8층
	02		매매 21억	84J	501동	15층
22.06	19		매매 20억 2,000	84AEG	418동	8층
22.05	25		매매 21억 5,000	84BCD	404동	19층
	24		매매 22억 4,000	84F	516동	12층

최고가보다는 1억 원 정도 하락했지만 여전히 22억 원 정도에서 거래가 이루어지던 22년 9월, 느닷없는 13.8억 원이 폭락한 실거래가 등록되었다. 이번에는 최고가에서 1원도 틀리지 않는 딱 10억 원이 하락한 직거래였다. 34평의 세대수만도 5,132세대로 이날 하루에만 서울아파트 시가총액이 5조 원이나 사라진 것이다.

파크리오가 정확히 반토막 난 거래로 4조 7천억 원이 감소한 것에 비하면 하락률은 더 적으나 서울아파트 시가총액 입장에서는 더 큰 금액이 사라지게 되어 지수는 갭으로 폭락을 하게 반영이 된다. 이런 수법을 부동산 업계에서는 "던지기"라고 하는데 주식 시장에서의 '갭하락'과 같은 기술이다.

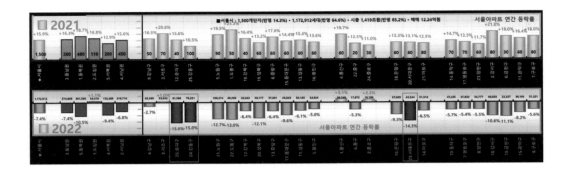

2021년 서울아파트 폭등장과 이후 2022년 폭락장을 비교한 수익률 막대그래프를 보면 송파구의 상황을 잘 이해할 수 있는데 2022년 한 해 동안의 송파구 지수 하락률은 -15.6% 로 강동구 -15.0%를 제치고 서울시 25개 구 중 1위였다. 강남구의 -2.7%와 서초구의 +1.0% 에 비하면 극과 극의 등락이었다.

물론 이러한 폭락 후에는 가장 먼저 바닥을 쳤고 상승률도 지금까지 압도적으로 높았 다. 그러나 1년간 조금 빠지거나 오히려 상승을 했던 강남구와 서초구가 올해 들어 전고점 을 넘은 반면 송파구는 65%, 강동구는 55% 정도 회복한 수준이다. 즉, 저점대비 상승률 과 하락폭 대비 회복률은 많은 차이가 난다.

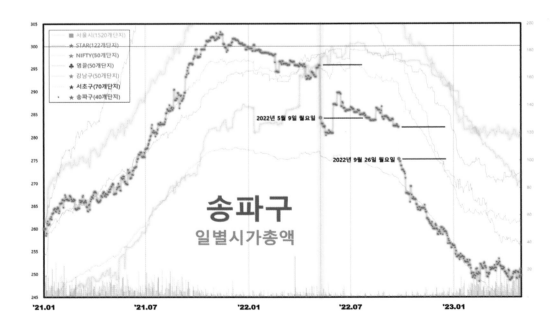

그런데 송파구에는 이번 폭락장에 2개의 싱크홀, 즉 하락갭이 발생했다. 첫번째 갭은 문재인 대통령 퇴임일인 5월 9일에 파크리오에 의해 만들어졌고 두번째 갭은 9월 26일 헬리오시티에 의해 만들어졌다. 차트상으로 보면 이러한 2개의 갭으로 인해 그 중간 부분은 마치 공중에 붕 뜬 것처럼 보이는데 이런 현상을 주식 시장에서는 아일랜드갭(섬꼴반전)이라고 부른다.

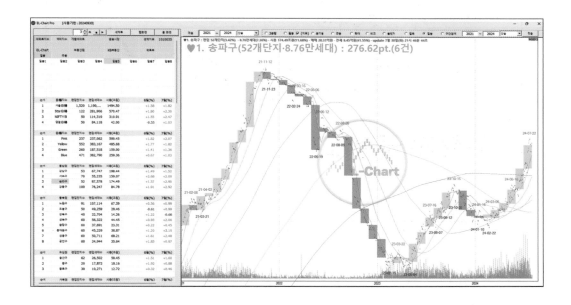

아일랜드갭이 나타나는 주된 이유는 매수세와 매도세가 전선을 형성한 후 치열한 매매 공방을 벌일 때 나타난다. 그러다가 어느 순간 또는 예상치 못한 계기로 인해 어느 한쪽의 힘이 워낙 강력하고 또 급작스럽게 한쪽으로 쏠릴 때 나타나는 현상이다. 아일랜드 갭이 발생한 이후에는 무너진 방향대로 급격한 추세가 추가로 진행이 되고 마지막 국면에는 결국 반대쪽이 항복하는 "카피츄레이션" 국면에서 하나의 시세가 마감을 하게 된다.

그리고 보통의 경우, 반등을 하며 기존 시세를 회복하려는 경우에는 2개의 갭 중에서 가까운 쪽 갭은 메우는 반면 먼 쪽의 갭은 메우지 못하는 경우가 많다. 작년부터 서울아파트 반등을 가장 먼저 이끌었던 송파구의 실거래가 지수가 최근 9월 26일 발생했던 갭을 거의 다 메우고 그 이상 상승 중이다. 무서운 폭등세를 보이고는 있지만 아직 하락폭의

65% 정도 회복한 상태라 이미 전고점을 넘은 강남구과 서초구에 비해 고점에 물린 매수자들은 여전히 큰 손실을 벗어나지 못하고 있다.

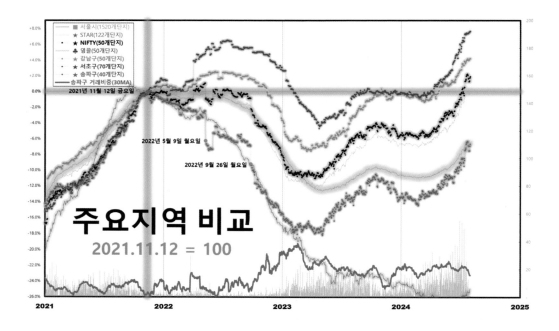

그리고 이번 폭락장이 끝날 때의 바닥 시점에서 송파구 월간 거래 건수에서 특이한 현상을 발견하게 된다. 바닥을 만들 때 가장 먼저 저점을 형성했고 이 과정에서 송파구의 거래 비중(분홍색 선)이 폭증을 한 것이다. 누군가 폭락을 못 버티고 손절매를 했을 것이고 누군가는 이들 물량을 받아낸 것이다. 아마도 이 물량들을 매집한 세력은 갭을 발생시키며 폭락을 유도한 그 세력일 것이라는 생각이 든다.

공교롭게도 필자가 현재와 비슷하다고 주장하는 조정 4파인 2008년 리먼 사태 이후의 흐름에서도 거의 같은 현상을 발견할 수 있다.

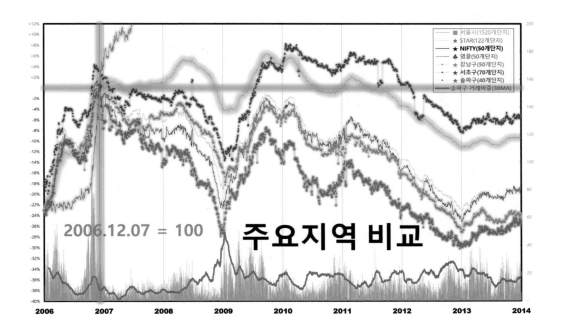

2006.12.07 = 100   주요지역 비교

서울시(1520개단지)
★ STAR(122개단지)
★ NIFTY(50개단지)
영끌(50개단지)
★ 강남구(50개단지)
★ 서초구(70개단지)
★ 송파구(40개단지)
송파구 거래비중(30MA)

리먼 사태가 벌어지던 2008년 하반기는 "엘리트" 등의 입주 물량이 집중되던 때라 거래
는 당연히 많았을 것이고 급락하던 송파구 아파트값을 기회로 누군가는 매집을 했을 것이
다. 이때도 반등 종료 시점에 서초구가 전고점을 돌파한 것과는 달리 송파구는 전고점을
돌파하진 못했고 2차 폭락을 맞이하게 된다. 또한 1991년 상투 이후 김영삼 조정 2파의 서
울아파트 반등 시에도 비슷한 상황이 벌어졌는데 당시에는 서초구 대신 강남구가 전고점
을 돌파하기도 했다. 역사는 반복을 하되 그 형태를 변형시키며 진화하기 때문에 평범한
우리는 눈치채기가 어려운 듯하다.

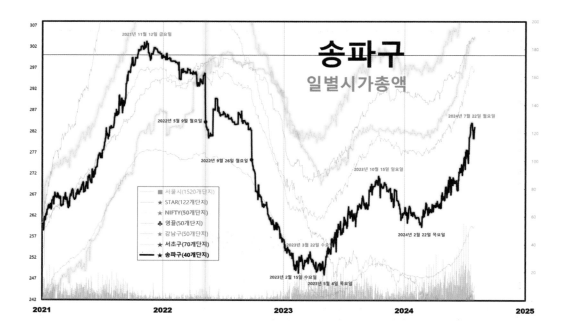

거래 건수뿐만 아니라 송파구 실거래가 지수의 저점에서도 매우 특이한 흐름이 관찰된다. 이번에는 봉이나 점차트가 아닌 선차트를 보아야 이러한 특이점을 발견할 수 있는데 바로 대칭형의 쌍바닥 형태다.

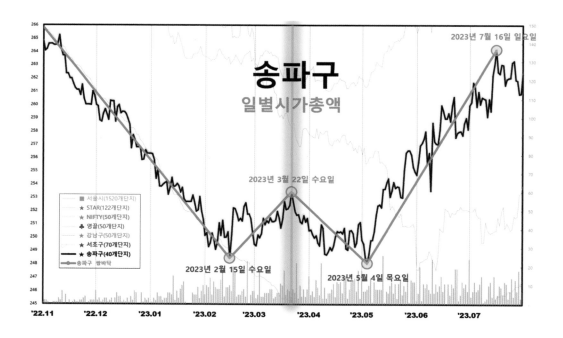

가장 먼저 폭락을 시작했고 또 특이한 갭을 두 번이나 발생시켰던 송파구 실거래가지수의 바닥 국면을 보면 이번에도 서울 25개 구 중 2023년 2월 15일 가장 먼저 바닥을 친 후 다른 지역이 지속적인 하락을 보이는 중에도 3월까지 반등을 시도하며 저점을 이탈하지 않는 모습이었다.

　정작 다른 지역이 진바닥을 칠 때 이미 송파구 아파트 실거래가는 쌍바닥을 치고 가장 강하게 상승을 시작했다. 즉, 2월 15일을 좌측 바닥으로 하고 3월 22일을 중심축으로 하여 5월 4일을 우측 바닥으로 하는 대칭형 쌍바닥으로 정말 주식 시장에서도 보기 어려운 매집 세력이 보여주는 "시간차 공격"의 진수다.

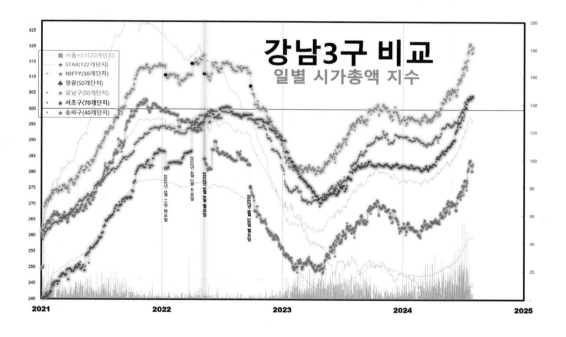

　그런데 왜 이러한 던지기 수법이 9월 26일에 발생했느냐 의구심이 든다. 이를 확인하기 위해서는 송파구 지수가 무너짐으로써 송파구가 포함된 상위지수에 어떤 영향이 생겼냐를 역추적해 보면 그 이유를 추정할 수 있을 듯하다.

강남3구와 이들을 대표하는 최상위 지수인 NIFTY 지수를 한 차트에 놓고 5월 9일의 파크리오 던지기와 9월 26일 헬리오시티 던지기 시점을 비교해 보자. 일단 예상 외로 강남구 지수는 여러 차례의 급등락에 관여하지를 않았다. 오히려 조용할 것만 같았던 서초구에서 요동을 친 구간이 목격이 되는데 서초구 이야기는 추후 다시 논하기로 하고 여기서는 송파구와 상위지수 간의 관계를 살펴본다.

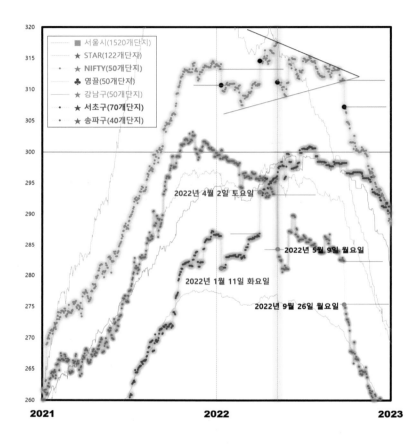

이미 전년 말 상투를 치고 하락하던 서울아파트 종합 지수에 반해 STAR 지수 중에서도 초초고가의 우량주들로만 구성이 된 NIFTY 지수(붉은색)는 5월 8일 사상 최고치를 기록하고 있었다. 그런데 다음날인 문재인 대통령 퇴임일에 송파구의 파크리오가 폭락을 하며 1%가 넘는 갭을 발생시켰다. 일시적으로 회복세를 보이던 지수는 일단 한번 그로기 상태에 빠졌던 터라 반등에 한계를 느끼며 주춤주춤 뒷걸음질 치고 있었고 이때 9월 25일까지 4개월간은 NIFTY 지수도 고점과 저점이 동시에 좁혀지는 삼각수렴형의 진행을 보였다.

삼각수렴형은 자주 있는 일은 아니지만 한번 그 형태가 진행이 되어 그 꼭짓점이 모이는 국면이 지나면 어느 한쪽으로 큰 스윙을 하는 것이 투자세계에서 흔한 현상이다. 그런데 시가총액 1위의 헬리오시티, 그것도 5천 세대가 넘는 34평형에서 11억 원이 넘는 폭락세를 보였다는 것은 시장에 충격을 주고 방향을 꺾어버리겠다는 마켓메이커의 강력한 의지 표출로 봐야 한다.

지난번 싱크홀 챕터에서도 언급했듯이 5월 9일의 던지기 수법은 거대한 댐에 손가락만 한 구멍을 내어 붕괴의 단초를 만든 것이었다면 이번 9월 26일의 던지기 수법은 이미 하락하던 지역뿐만 아니라 그동안 시장을 왜곡시키며 신고가 행진을 진행하던 강남구과 서초구까지 폭락장세에 끌어들여 서울아파트에 거대한 홍수를 만들려는, 그야말로 아일랜드갭을 만들어 반등의 싹을 잘라버리고 대폭락을 유도하는 무서운 실거래였다고 생각한다. 물론 이런 수법을 사용한 이유는 임계치에 다다른 갭투자자나 영끌족의 패닉셀링을 유도하여 최저가에 재매집을 하려는 목적으로 보아야 할 것이다.

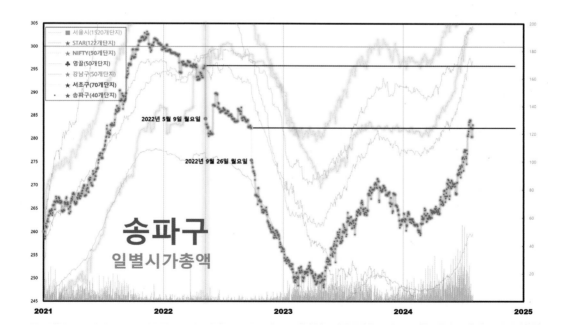

그런데 지난 1년이 넘게 반등장이 지속되는 동안 비록 송파구가 강남구나 서초구처럼 전고점을 넘지는 못했지만 지수상으로는 65% 이상 회복 중이다. 심지어는 7월 말 현재 9월 26일 갭을 다 메울 정도로 급등을 했다. 과연 이번 반등장에서 5월 9일의 파크리오의 갭까지도 다 메우고 전고점마저 돌파하여 서울아파트 종합 지수까지도 대세상승으로 이끌 수 있을지 두고 볼 일이다.

그러나 지난 34년 동안의 고점 패턴에서 공통적으로 나타났던 현상들을 보면 그 가능성은 낮아 보인다. 이유는 세력들이 거대한 파동을 만들 때 강남3구 등 블루칩이 초기파동을 만들고 중간파동에는 옐로우칩 등 전반적인 상승세가 뒤따랐으며 마지막 끝물 파동에는 노도강 등의 주변주가 과도한 상승을 하며 파국을 맞았는데 이후 조정파에서 진검승부가 났기 때문이었다.

즉, 상승파동이 마감한 후에는 정작 블루칩은 약한 조정을 보인 후 반등 국면에서 전고점을 넘기고 이후 조정기에도 전고점에서 크게 떨어지지 않는 버퍼링 효과를 보였던 반면 뒤늦게 급등했던 노도강 등의 주변주들은 하락 국면에서 더 큰 폭락세를 보이고 반등 국면에서도 아주 미미한 흐름을 보이다 결국 재차 하락해 파국을 맞았던 현상이 반복되었다. 이는 시장의 사이클과 상관없이 계속 가져갈 우량주는 상승파동 마감 후에도 지속적인 관리를 하는 반면 파동의 마지막 국면에서는 주변주로 수익률을 극대화한 후 그 효용이 사라지면 "똘똘한 한 채" 또는 "초양극화"라는 새로운 명분을 내세워 철저하게 폭락시켰기 때문이다. 1987년 이후 34년 동안의 파동 중 여러 국면에서 이러한 현상이 반복되었다.

즉, 초고가의 서초구 아파트 지수는 서울아파트의 변곡점을 만드는 도구로 사용되는 반면 송파구 아파트 지수는 가격이 절반인 대신 시총이 큰 대단지가 몰려 있는 점을 이용하여 시장의 붕괴나 폭등을 유발시키는 도구로 사용된 것으로 보인다. 그런데 강남구 아파트는 그 와중에 구설에 오르거나 주목받지도 않고 올라가는 쪽을 따라 상승하는 무임승차의 행태를 보였다. 실속은 역시 손에 구정물 하나 안 묻히고 "강남구"가 챙기고 있다.

9

회자정리 거자필반!
'강남구 vs 노원구'

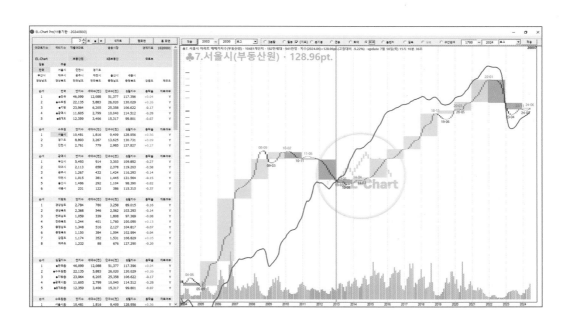

위 차트는 부동산원 서울아파트 월간동향지수로 2003년 공표가 시작된 때부터의 그래 프이다. 그런데 부동산 업계에 오래 몸담은 전문가들도 버블세븐과 이후 리먼 사태 당시의 서울아파트 고점에 관해 언급할 때면 명확하게 언제가 최고점인지 대답을 못 한다. 언제라 고 답을 내놓아도 실제 개별 아파트의 고점과 동떨어진 경우가 많다. 그럼 언제가 진짜 상 투 시점이었을까?

정답은 여러 개다. 즉, 관점에 따라 고점을 기록한 시점은 제각각일 수 있다는 말이다. 그런데 필자는 실질적인 시점을 정확히 2006년 11월이라고 내놓을 수 있으며 그 근거도 명확히 제시할 수 있다.

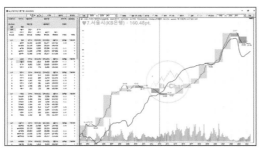 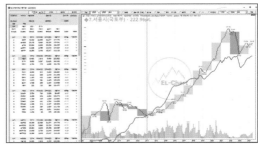

부동산원뿐만 아니라 KB은행에서 공표하는 월간동향지수나 국토부 실거래가를 기준으로 산출된 실거래가지수도 버블세븐 이후의 고점 시기가 서로 조금씩 다르다.

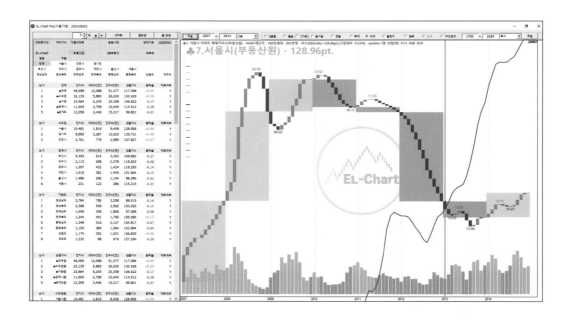

우선 당시의 부동산원 월간동향지수를 확대해 보면 2008년 고점이 한번 생겼고 2년 후에도 비슷한 높이의 고점이 또 생겼으며 이후 2011년 낮은 고점이 생긴 후 폭락세에 진입했음을 확인할 수 있다. 즉 부동산원 데이터로는 3개의 고점 중 2008년 고점이 가장 높다. 그러나 동일한 부동산원에서 생산한 국토부 실거래가지수와 KB은행에서 생산한 월간동향지수에선 최고점이 2008년이 아닌 2010년이라고 나온다.

그럼 왜 이런 고점이 여러 번 생겼고 또 최고점의 시기가 다른지, 그리고 필자는 왜 그보다 훨씬 빠른 2006년 말이라고 하는지 검증을 위하여 지수를 구성하는 요소들을 세분하여 볼 필요가 있다. 이 작업은 최근 폭등하던 강남구와 이와 반대로 폭락했던 노원구의 시세 흐름을 이해하는 매우 중요한 것이라고 생각된다.

일단 당시의 지수를 구성하는 25개 구 중 양극단에 치우쳤던 강남3구와 노도강 등 6개 지역의 일간실거래가지수를 각각의 최고점을 기준지수 100으로 하여 도식화하면 위와 같다.

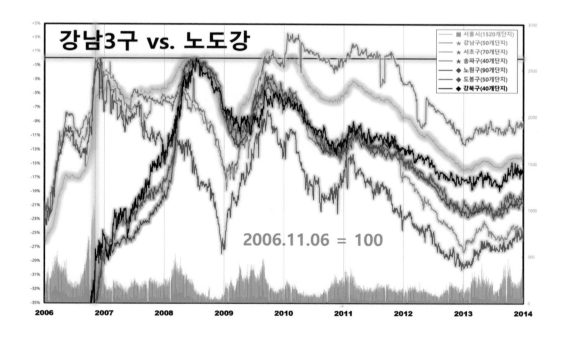

당시 2006년 말까지 폭등을 하며 "버블세븐"으로 지목된 강남3구에 비해 노도강 지역은 2003년부터 2006년 중반까지도 횡보를 하며 극심한 소외를 겪었다. 바로 카드 사태의 여파로 노도강 지역의 발이 묶였었던 것이다. 그러다가 버블세븐이 터지며 강남3구가 폭락을 시작하기 직전 뉴타운 열풍이 불며 노도강 지역 등 저가 아파트의 폭등세가 불어닥쳤다. 즉 2006년 하반기부터 강남3구와 목동 등의 고가 아파트들이 급락세로 돌아선 반면 뒤늦게 노도강 등 나머지 지역의 폭등세가 이어진 것이다.

이때 거래가 많았던 저가 아파트의 지수반영 비중이 높아짐에 따라 2006년 말에는 서울 아파트값에 고점이 생성되지 못하고 오히려 2008년에 고점이 만들어진 것이다. 리먼 사태로 서울아파트가 모두 조정기를 거친 후 2009년에는 지역을 불문하고 25개구 전부 급반등을 하며 서울아파트 종합 지수는 쌍봉을 형성하게 되는데 지수산정 방식이나 표본에 따라 두 개의 고점 높이가 소폭으로 차이가 나기에 고점에 대한 시점 논란이 생기는 것이다. 물론 이후 2011년의 작은 반등 이후에는 저축은행 사태와 유럽발 재정위기 등으로 2013년 까지 3년간 서울아파트 모든 지역이 동시에 폭락하게 되었다. 즉 이 기간을 세분해 보면 모두 4개의 고점 시기가 있는데 이들을 모두 포함하는 과정에서 지수는 스무딩 과정을 거치게 되어 등락폭도 작고 시점도 산출 주체에 따라 다르거나 2006년 말 버블세븐 고점은 아예 지수에 나타나지도 않는다.

여기서 중요한 점은 지금의 반등 패턴이 2009년의 1년 가까운 급반등 당시와 여러 면에서 비슷하다는 점이다. 이를 잘 응용하면 현재의 시장에 보다 잘 대처할 수 있으리라 생각된다.

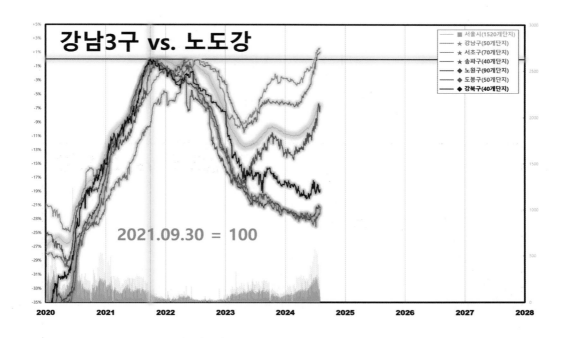

강남3구 vs. 노도강

2021.09.30 = 100

범례
■ 서울시(1520개단지)
★ 강남구(50개단지)
★ 서초구(70개단지)
★ 송파구(40개단지)
◆ 노원구(90개단지)
◆ 도봉구(50개단지)
◆ 강북구(40개단지)

그럼 2009년 반등과 이번 반등의 유사점 및 차이점을 살펴보자. 그러기 위해서는 이번에도 강남3구와 노도강의 일간 실거래가 시가총액 지수를, 최고점을 기준지수 100으로 하여 2021년 고점 시기를 구분해 볼 필요가 있다.

그동안 여러 차례 2021년도 서울아파트 전체 지수의 고점은 월간 고점기준 10월, 월평균 지수로는 11월, 일간지수로는 12월 7일이라고 언급을 했다. 한편 시가총액 상위 122개 아파트로 구성된 STAR 지수의 최고점은 그 이듬해인 문재인 대통령 퇴임일 하루 전의 5월 8일이다. 머릿속에 대충 그래프를 떠올려 보면 15년 전처럼 이번에도 고점이 하나가 아닌 2개로 보일 것이다.

실제 시가총액 상위 1,520개 단지로 구성되어 반영율이 86%인 서울아파트 종합 지수를 보면 완만하게나마 쌍봉으로 보인다. 물론 강남구와 서초구, 용산구 등 초고가 지역 몇 개로 형성된 2022년도의 우측 봉보다 대부분의 지역이 고점을 형성한 2021년도의 고점이 조금 더 높다.

여기서 우리가 그냥 넘기면 안 되는 사실은 좌측 상투 이전부터 영끌들의 패닉바잉을 유도하며 물량을 처분할 때 세력은 고가 아파트의 신고가 행진으로 우측 상투를 만들며 착시현상을 일으켰다는 것이다. 이때 다주택자들로부터 노도강 물량을 떠안은 영끌러들은 최근의 반등에도 소외되어 대부분 30% 이상의 손실을 기록 중이다.

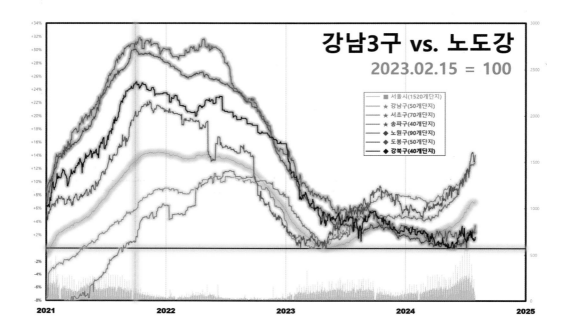

그럼 이번 반등이 시작된 작년과 올해의 저점에서는 어떠한 모습이 진행되었을까? 송파구부터 시작된 강남3구 지역의 반등은 강남구와 서초구처럼 이미 전고점을 넘었거나 송파구처럼 하락폭의 65% 선을 회복했다. 그러나 그 사이에도 노도강 지역은 신저가를 기록하며 지속해서 하락하다가 최근 들어서야 두세 달 약한 반등세를 보이는 정도다.

그런데 이번 반등은 모든 지역이 폭등세를 보였던 2009년의 쌍봉에 비해 서울아파트 전체 기준으로는 매우 약한 모습이다. 필자의 생각으로는 이번 반등은 IMF 때나 리먼 사태 때처럼 8~9년 상승 후의 조정 2파나 조정 4파가 아닌 34년간의 모든 파동이 끝난 후의 반등파라 그 힘이 약할 수밖에 없고 따라서 이번 반등이 끝나고 재차 시작될 조정파는 그 충격이 생각보다 훨씬 클 수가 있어 이를 경계하고자 하는 것이다.

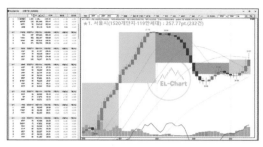
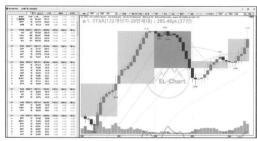

　필자가 매일 생산하는 지수 중 주요한 지수 몇 개를 살펴보면 앞으로의 시장 판단에 유용할 듯하여 잠시 소개를 하고자 한다. 이 책을 구입한 독자분들께는 EL-Chart 1개월 무료사용을 제공하니 직접 개인 PC에서 차트를 자세히 살펴보면 보다 큰 도움이 될 듯하다.

　좌측의 실거래가지수는 서울아파트 시가총액 86%를 반영하는 종합 지수고 우측은 시장의 변동성을 보다 잘 반영해 주는 시가총액 상위 122개 단지로 구성된 STAR 지수다. 이번 반등을 주도한 아파트들이 대부분 시가총액이 큰 준 신축 이상급의 단지들이었음을 STAR 지수에서 확인할 수 있다.

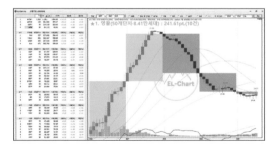
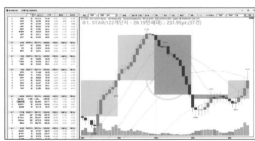

　이에 반해 영끌지수도 만들었는데 노도강 지역 시가총액 상위 150개 아파트 중 이번 9년 상승장에서 가장 많이 오른 단지들로 구성된, 투기성이 가장 강한 지수다. 그러나 패닉바잉 여파로 폭락세를 보인 후 현재까지도 하락세를 크게 벗어나지 못하고 있다.

과거 60년간의 서울아파트 추이를 가장 잘 나타내주기에 필자가 가장 중요시하는 지수로는 우측의 서울아파트 실질 STAR 지수다. 서울아파트 종합 지수는 시가총액을 최대한 많이 반영하고자 각 지역의 시가총액 상위 1,520개의 아파트가 포함되었는데 거래가 적은 아파트도 포함이 되었기에 지수가 스무딩되어 굴곡이나 변곡점을 찾기에는 한계가 있다. 반면 STAR 지수는 대단지 위주라 거래도 많고 등락이 심해 과도한 지수 흐름을 보이는데 이를 보정하고자 소비자물가지수로 나누어 2013년 1월을 기준지수 100pt.로 하여 사용 중이다. 이 책에서는 시장을 설명하는 주된 지수로 "실질 STAR" 지수를 사용하고 있다.

2020.3

12·16 대책 발표, 서울 내 9억 초과 매매량 급감으로 이어져

경기부천 9억 원 이하 아파트 거래량은 증가한 반면,
서울 9억 원 초과 아파트 거래량 감소는 9억 이하 대비 2.3배나 커져
"코로나19로 인한 시장 불확실성 증대가 부른 신중한 주택 매입"

그런데 부동산원과 KB부동산에서 제공하는 지수 중 "권역별" 지수가 있다. 부동산원에서는 동남권이나 동북권 등 생활권역별로 5개의 지역별 지수를 발표하고 KB에서는 강남권과 강북권의 2개 지역별 지수를 발표한다. 문제는 단순히 지리적인 구분을 하여 묶어서 지수를 산출하는데 부동산원에서는 동북권의 노원구와 성동구가 동일한 묶음이고 KB부동산에서는 강남구와 금천구가 동일한 묶음이다. 이는 실제 지수 흐름을 왜곡시킬 수 있어 지역별 유사성에 가격대별 구분을 하여 EL-Chart 섹터지수를 만들어 사용 중이다. 기준은 2019년 12.16 대책 때 대출 기준으로 분류한 15억과 9억 등으로 하였다.

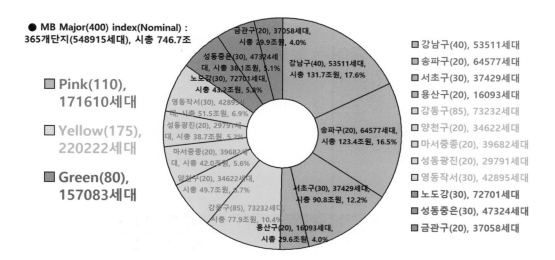

- **MB Major(400) index(Nominal) :** 365개단지(548915세대), 시총 746.7조

- **Pink(110), 171610세대**
- **Yellow(175), 220222세대**
- **Green(80), 157083세대**

(차트 라벨)
- 금관구(20), 37058세대, 시총 29.9조원, 4.0%
- 성동중은(30), 47324세대, 시총 38.1조원, 5.1%
- 노도강(30), 72701세대, 시총 43.2조원, 5.8%
- 영동작서(30), 42895세대, 시총 51.5조원, 6.9%
- 성동광진(20), 29791세대, 시총 38.7조원, 5.2%
- 마서중종(20), 39682세대, 시총 42.0조원, 5.6%
- 양천구(20), 34622세대, 시총 49.7조원, 6.7%
- 강동구(85), 73232세대, 시총 77.9조원, 10.4%
- 용산구(20), 16093세대, 시총 29.6조원, 4.0%
- 서초구(30), 37429세대, 시총 90.8조원, 12.2%
- 송파구(20), 64577세대, 시총 123.4조원, 16.5%
- 강남구(40), 53511세대, 시총 131.7조원, 17.6%

(범례)
- 강남구(40), 53511세대
- 송파구(20), 64577세대
- 서초구(30), 37429세대
- 용산구(20), 16093세대
- 강동구(85), 73232세대
- 양천구(20), 34622세대
- 마서중종(20), 39682세대
- 성동광진(20), 29791세대
- 영동작서(30), 42895세대
- 노도강(30), 72701세대
- 성동중은(30), 47324세대
- 금관구(20), 37058세대

위에 보이는 다이아그램은 2021년 저서에 사용된 것으로 당시만 해도 필자가 실거래가를 취합하는 단지 수가 400개에 불과했다. 그래도 워낙 대단지들로 구성이 되었기에 시가총액 반영률은 50%가 넘었다. 현재는 3년 전에 비해 4배 이상인 1,520개 단지로 86%를 반영하여 작업 중이고 당시에는 없던 전국 아파트도 5천 개가 넘게 포함을 하여 전국의 시가총액 반영율이 62.3% 달해 시도 및 시군구 시황을 파악하는 데 거의 문제가 없다.

구분	시도	단지	세대수	현시총	비중
수도권	서울특별시	1,520	1,190,537	1,494.5	48.2%
	경기도	1,000	1,253,042	740.3	23.9%
	인천광역시	300	346,728	151.8	4.9%
광역시	부산광역시	300	359,951	159.8	5.2%
	대구광역시	300	278,272	95.5	3.1%
	광주광역시	200	177,420	53.3	1.7%
	대전광역시	150	179,389	68.8	2.2%
	울산광역시	150	136,168	44.4	1.4%
	세종특별자치시	70	67,549	35.8	1.2%
8개도	경상남도	200	259,390	74.7	2.4%
	경상북도	200	197,127	40.6	1.3%
	전라남도	200	154,413	28.5	0.9%
	전북특별자치도	100	102,679	21.4	0.7%
	충청남도	100	124,420	28.0	0.9%
	충청북도	100	107,171	29.1	0.9%
	강원특별자치도	100	91,440	23.6	0.8%
	제주특별자치도	60	26,103	11.9	0.4%
총계	총계	5,050	5,051,799	3,102.1	100.0%

	서울특별시	단지	세대수	현시총	비중
동남권	강남구	53	67,747	198.4	13.3%
	서초구	70	55,235	159.1	10.6%
	송파구	52	87,578	174.5	11.7%
	강동구	100	76,247	84.8	5.7%
강북권	노원구	91	107,114	67.4	4.5%
	도봉구	50	49,259	28.5	1.9%
	강북구	40	22,704	14.3	1.0%
	성북구	60	56,322	44.5	3.0%
	중랑구	60	37,691	23.3	1.6%
	동대문구	60	45,229	38.9	2.6%
	성동구	60	50,711	68.2	4.6%
	광진구	60	24,944	35.6	2.4%
도심권	용산구	62	26,502	58.4	3.9%
	중구	20	17,872	18.2	1.2%
	종로구	30	10,271	12.7	0.9%
서북권	은평구	60	38,295	30.0	2.0%
	서대문구	60	43,453	39.8	2.7%
	마포구	80	52,303	65.6	4.4%
서남권	동작구	70	47,458	56.1	3.8%
	영등포구	70	47,832	64.7	4.3%
	양천구	62	55,529	79.8	5.3%
	강서구	80	60,541	50.4	3.4%
	금천구	30	22,227	14.3	1.0%
	관악구	60	36,193	28.5	1.9%
	구로구	80	51,280	38.6	2.6%
서울시	총계	1,520	1,190,537	1,494.5	100.0%

EL-Chart 구성 아파트 지역별 분포

시가총액 반영율 : 서울 85.7%, 전국 62.4%

향후 전국 1만개, 서울 2천개 편입 예정

현재의 EL-Chart 지수를 구성하는 아파트 구성은 위처럼 더욱 세분화되었다.

16석에서 절반으로 줄어든 통합당 의석…
강남3구-용산 외따로이

여당 압승한 총선 가운데 종부세 확대 반발한 지역 유권자는 정부심판론 바람

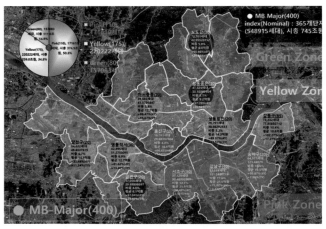

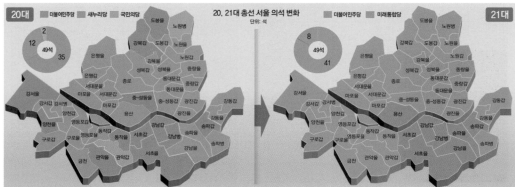

　참고로 2021년도 필자의 저서의 표지에 사용된 MB-Major(400) 지수 중 Pink-Zone 지수는 원래 Red-Zone이었는데 이듬해 총선에서 통합당이 압승한 지역과 정확히 겹쳐서 신기하기도 하여 지금처럼 변경하게 된 것이다

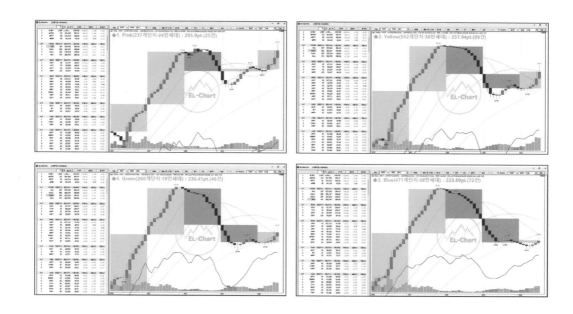

실제로 맨 위 좌측부터 핑크(15억 이상), 옐로우(9억 이상). 그린(7억 이상), 블루(7억 이하)의 섹터지수를 나열하면 위와 같다. 고가 아파트 지역일수록 이번 하락장에서 덜 하락했고 반등장에서 더 강한 회복력을 보였으며 저가 아파트로 갈수록 그 반대의 현상을 보여 큰 차별화가 진행되고 있음을 알 수 있다.

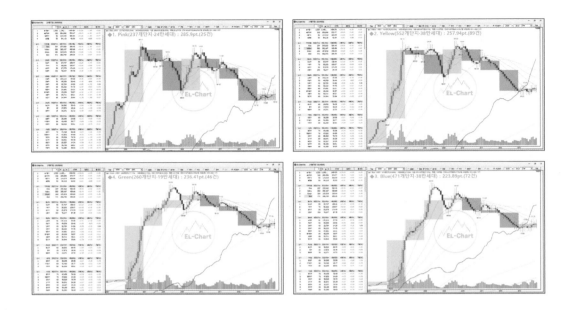

2006년 이후 버블세븐기의 경우는 정반대였는데 버블세븐의 고가 아파트가 몰린 핑크존 지역일수록 2006년에 고점을 형성했고 저가 아파트일수록 2008년까지 폭등한 모습을 보였음을 알 수 있다. 즉 시기마다 고가 아파트와 저가 아파트의 흐름은 반대가 될 수 있다는 것이고 노도강이 항상 소외되거나 강남불패가 영원하지는 않는다는 것이다.

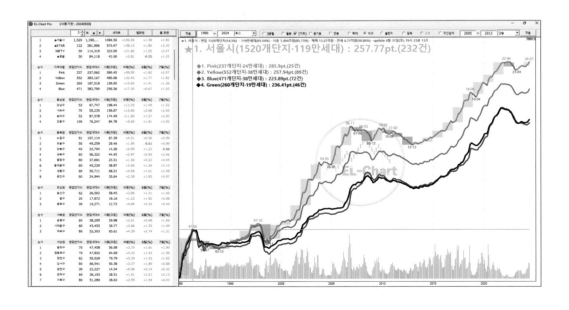

그럼에도 불구하고 장기간의 흐름을 보면 역시 고가 아파트의 수익률이 월등하다는 것은 부인할 수 없는 사실이다.

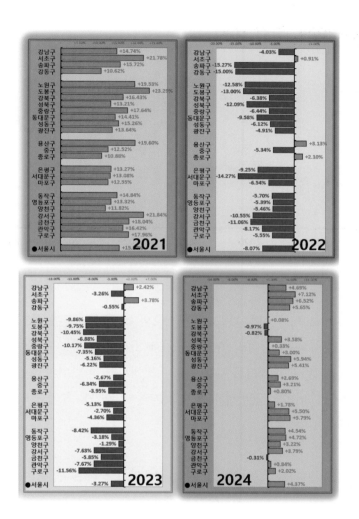

2021년부터 4년간의 서울시 25개 구의 연간 상승률을 도식화하면 위와 같다. 12.16 대책으로 대출에 차등이 생기고 코로나 사태를 겪으며 영끌 열풍이 불 당시에 노도강 지역의 2년간 상승률이 강남3구를 압도했으며 이후 2년간은 정반대의 흐름을 보였다. 그리고 최근 반등 시에도 노도강 지수는 강남3구의 상승세를 못 따라가는 극심한 차별화가 진행되고 있다.

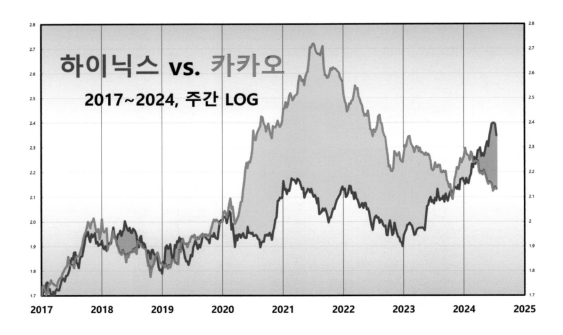

위에 보이는 차트는 2018년 이후 7년간의 카카오와 하이닉스 주봉 차트이다. 코스피가 3,300선을 넘던 2021년까지 폭등하던 카카오 주가에 비해 하이닉스 주가는 상대적으로 부진한 흐름을 보였다. 그러나 조정기를 거친 후의 국면에서는 정 반대의 흐름을 보였는데 하이닉스가 7만 원 초반에서 25만까지 폭등하는 동안 카카오 주가는 17만 원에서 4만 원까지 폭락을 했다.

강남3구와 노도강의 아파트 흐름이 이와 같은 경우라고 생각된다. 즉, 이번 챕터 제목인 회자정리 거자필반(會者定離 去者必返)의 상황은 주식 시장뿐만 아니라 부동산 시장에도 적용될 수 있음을 논하고자 하는 이유다.

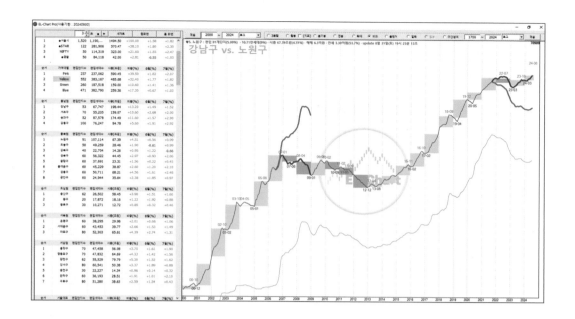

위 차트는 2000년 이후 현재까지 24년간의 강남구 실거래가지수와 노원구 실거래가지수이다. 참고로 1988년 이후 2006년 이전은 실거래가 대신 개별아파트 평형별 중위가격 시가총액이다.

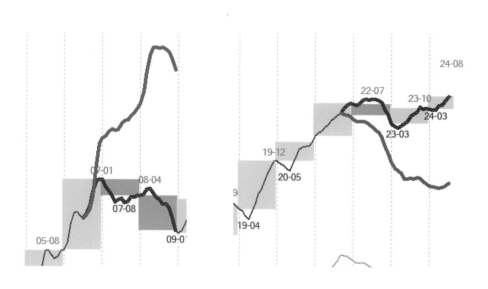

최근 강남구의 상승에 비해 노원구 하락이 심하다고 생각들 하는데 이를 15년 전과 비교하면 정반대의 현상을 목격할 수 있다. 즉, 국면마다 파동의 시점을 달리하면 이해가 쉬운데 우측 그래프에서 보듯 2021년 상투 이후 노원구는 폭락을 거듭하고 있던 반면 강남구는 신고가 갱신을 하고 있다. 그러나 좌측의 그래프에서 보듯 2006년 버블세븐 이후에는 강남구가 폭락을 하는 대신 노원구는 유례없는 폭등세를 보였다.

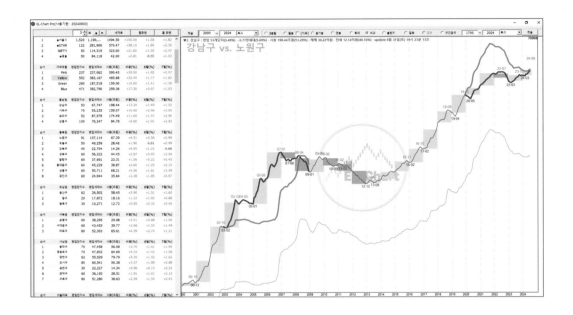

　　그런데 시점을 달리하여 비교해 보면 전혀 다른 이야기가 된다. 즉 시점을 고점 대신 시작점으로 하면 두 지역의 흐름이 달리 이해된다.

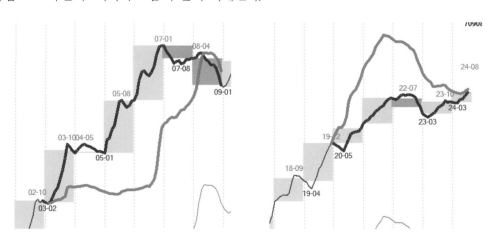

좌측 그래프에서 카드 사태 여파로 3년 넘게 제자리였던 노원구는, 버블세븐기 폭등하던 강남구가 2006년 말 폭락하기 직전 폭등세를 보이며 정반대의 흐름을 보였는데 결국은 파동이 시작된 지 5년 후인 2008년에 두 지수가 만나게 된다.

우측의 그래프에서 12.16 대책으로 대출에 차등이 생기고 코로나를 겪으면서 2020년 초반부터 노원구는 폭등을 시작하게 되는데 이 기간 강남구의 상승률은 매우 부진해서 서울 25개 구 중 거의 꼴찌 수준이었다. 그러나 5년이 지난 지금 두 지수가 만나려고 한다. 즉, 만나면 헤어지고 헤어지면 다시 만나게 된다는 불교의 윤회사상이 부동산에도 적용된다는 말이다.

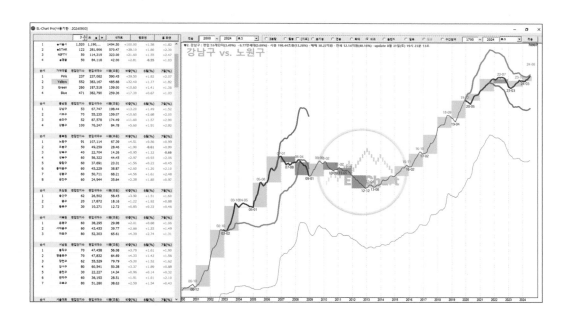

위에서 구분한 시점별 차트를 동일한 차트에 그리면 위와 같다. 두 지역의 흐름이 다른 것 같아도 본질은 결국은 같음을 알 수 있는데 이를 아파트 매입이나 여타 자신의 자산관리에 응용하면 어떨까 하는 생각이 든다. 물론 필자는 이러한 현상을 거대한 세력들의 "시간차 공격"으로 이해를 하고 있다.

참고로 위 차트는 EL-Chart에 매일 올리고 있는 미국 주식 시가총액 차트로 애플과 테슬라 등 시가총액 최상위 7종목으로 구성되어 "MAGA7"으로 불린다. 지난 몇 년 동안 극심한 차별화를 만들며 미국 NASDAQ 지수를 폭등시켰던 주역으로, 서울아파트에서 강남 3구와 비슷한 점이 있다. 특히 2021년의 전고점을 넘어 사상 최고치 행진을 지속하고 있는 나스닥 초유량 주식들과 최근의 서울 강남권 초고가 아파트들의 흐름이 매우 흡사하다. 그러나 달도 차면 기우는 법, MAGA7이 영원히 올라갈 수 없고 만일 과도하게 오른 만큼 시세가 꺾이기라도 한다면 그 시장 충격은 몇 배가 된다.

서울아파트도 마찬가지다. 몇 년 동안 서울아파트 상승이나 반등을 주도했던 강남3구 등의 초우량 아파트가 만일 올해 말이나 내년에라도 시세가 꺾인다면 그 피해는 그동안 반등도 제대로 못 했던 저가 아파트에 더 큰 충격으로 다가올 수 있다. 초고가 아파트들은 반등에 성공을 하였기에 대부분 수익 구간이라 만일 하락 구간에 진입하더라도 견딜 수 있는 버퍼가 생긴 반면 반등도 제대로 못하고 누적으로 하락률을 키웠던 저가 아파트들은 오히려 그 기간 중 악성 매물만 더 쌓아 놓은 꼴이 되어 앞으로 찾아올 것으로 예상되는 "슈퍼사이클 조정 C파"에 그 위험이 배가될 수 있다. 어쨌든 강남3구 아파트가 되었든 노도강 아파트가 되었든 각자의 위험 노출 정도를 점검해야 할 시기다.

10

부녀회의 변신은 무죄!
변곡점은 '서초구'가 정한다!

1990.3

아파트도 가격 담합

부녀회가 앞장서서 담합 안내물 배포 등 주민 임의로 매매가 조작 빈발하여

노태우 정부 시절, 88 올림픽 이후 서울아파트값이 4년째 폭등하던 1990년 3월에 하나의 신문 기사가 보도되며 전국이 떠들썩하게 들썩였다. 바로 부녀회의 아파트값 담합 기사인데 그동안 소문으로만 떠돌던 내용이 구체적인 단지명까지 거론이 되며 당시의 노골적인 아파트값 담합의 실상이 소개된 것이었다.

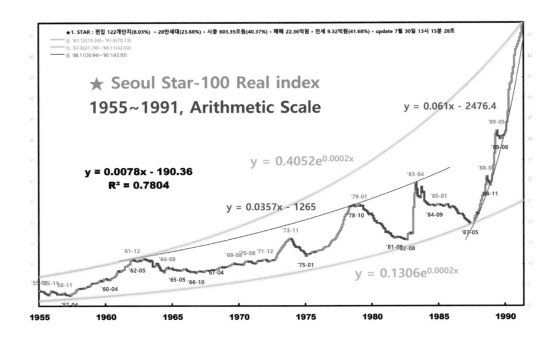

★1. STAR : 편입 122개단지(8.03%) · 28만세대(23.68%) · 시총 603.35조원(40.37%) · 매매 22.36억원 · 전세 9.32억원(41.68%) · update 7월 30일 13시 15분 28초
④ '61.12(13.34)~ '91.5(70.13)
⑤ '87.8(21.78)~ '98.11(42.02)
⑥ '88.11(30.94)~ '90.1(43.93)

★ Seoul Star-100 Real index
1955~1991, Arithmetic Scale

$y = 0.061x - 2476.4$

$y = 0.4052e^{0.0002x}$

$y = 0.0078x - 190.36$
$R^2 = 0.7804$

$y = 0.0357x - 1265$

$y = 0.1306e^{0.0002x}$

당시의 아파트값 폭등이 얼마나 심했는지 물가를 감안한 지수로도 저렇게 폭등세를 보였었다. 반포미도아파트 부녀회에서 게시한 안내문을 보면 삼풍아파트 34평이 2억 4천만 원에 매매가 되었으니 미도아파트는 최하 2억 이상으로 가격을 지켜 주민 스스로 단합하여 우리 재산을 지켜내자는 것이었다. 담합과 단합이 동일시되던 때였나 보다. 그런데 30년이 지난 지금 미도아파트 실거래가가 25억도 훌쩍 넘어 10배 이상 올라 있으니 부녀회장의 판단이 옳았다는 생각마저 든다.

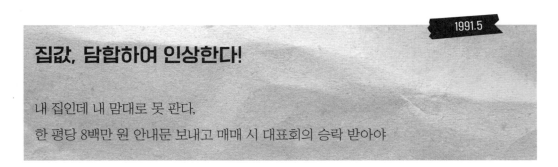

1991.5

집값, 담합하여 인상한다!

내 집인데 내 맘대로 못 판다,
한 평당 8백만 원 안내문 보내고 매매 시 대표회의 승락 받아야

그런데 반포에서 시작된 이러한 부녀회의 담합 현상이 이듬해인 1991년 초에는 서울을 넘어 전국적인 현상으로 번졌다. 이에 따라 정부의 단속은 더욱 심해졌으며 시장이 꺾인 후에도 한동안 이어졌다.

"서초구 아파트 주민만 참여 가능" 집값 담합 유도한 단톡방 '방장' 적발되어 송치

2024.7

특정가 이하론 광고 못 하게 공인중개사에게 강요와 항의,
아파트 매매가를 높이기 위한 작전

그런데 30년이 지난 최근에도 비슷한 기사가 보도되었다. 그것도 서초구였는데 과거처럼 안내문을 배포하는 형식이 아닌 단톡방에서 행해지는 형태로, 세월이 흐르는 동안 담합의 수단도 많이 진화한 듯하다. 그런데 왜 유독 서초구에서의 담합 기사가 주로 또는 초기에 보도되는 것일까?

'평당 1억' 아파트 헛소문이었다…정부 결론 내

2018.10

서초구 아크로리버파크 거래가가 평당 1억 원이라는 소문이 무성했지만 실체를 확인할 수 없었다. 실거래가 공개 시스템에 따르면 8월 중 거래가는 59㎡당 19억 9천, 21억, 21억 5천 등 세 건이다.

서울아파트값이 뜨겁게 달아오르던 2018년 10월, 하나의 소문이 공인중개사 사무실과 부동산카페에 퍼지며 언론과 정부까지 벌집을 쑤셔 놓은 듯한 상황이 벌어졌다. 소문의 내용은 서초구 반포동의 아크로리버파크 아파트가 평당 1억 원에 거래되었다는 것인데 당시에는 상상도 못 한 가격이라 서울 강남권의 고가 아파트뿐만 아니라 대단지 위주의 집주인들을 흥분시키기에 충분했다.

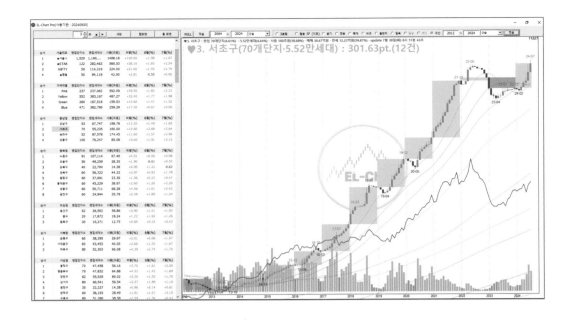

당시 조사를 벌인 정부는 허위 사실로 결정 내리고 시장은 일단 잠잠해지는 듯하였으나 그 소문의 가능성은 시장이 달아오르기에 충분했다. 그리고 얼마 지나지 않아 결국 평당 1억 원 시대는 열렸고 시장에 참여한 사람과 그렇지 못한 사람의 처지는 극명하게 갈렸다. 소문으로 한번 들쑤시고 실제 거래로 다시 한번 들쑤시면서 소문의 효과는 배가가 된 것이다.

반포를 발칵 뒤집었지만
"50억 거래" 집값 띄우려는 수작에 불과

같은 동 '래미안 원베일리' 49억 8000만으로 50억에 육박하여

6년 전의 평당 1억 괴소문을 반복하기라도 하듯 최근 올해 7월에는 그때 소문의 주인공 이었던 아리팍이 이번에는 50억 원에 거래되었다는 소문이 파다하게 퍼지며 이번에도 시 장은 달아오르기 시작했다. 집값 띄우려는 수작이라는 의심의 눈길도 있었지만 이번에도 조만간 실제 거래로 이어지며 소문의 효과는 배가되어 서초구 아파트 지수는 신고가 행진 이 계속될 듯하다.

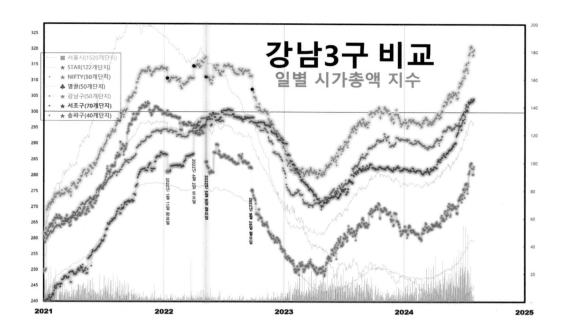

강남3구 비교
일별 시가총액 지수

30년 전이나 지금이나 혹은 그 이전부터일지도 모르는 서초구, 특히 반포 지역에서의 담합 기사와 괴소문, 그리고 이상거래는 왜 때만 되면 반복되는 것일까? 그 이유를 짐작하기 위해서는 그 담합이나 소문의 영향은 측정할 수 없으니 실제 등록된 특이한 실거래가를 토대로 주변에 미쳤던 영향을 파악해 보는 수밖에 없다.

위 차트는 송파구 싱크홀 사건(?) 때 보았던 것으로 송파구뿐 아니라 서초구의 이상거래가 상위 지수에 끼친 영향을 파악하는데 주요한 단서를 제공해 준다.

2022.2

**반포주공에 벌어진 실거래가 폭락 사태,
3개월 새 27억 폭락하다!**

직전 실거래가 56억 원에서 27억 폭락한 가격에 실거래가가 신고되었다.

이는 2017년 거래가격 수준에 불과하다.

2021년 말 고점 신호가 나온 후 노원구와 송파구 등 대부분의 지역에서 방향을 못 잡고 있던 때, 2022년 연초부터 서초구에서 무려 27억 원이 폭락한 실거래가가 신고되어 시장은 일대 혼란에 빠졌다. 기사에는 직전 최고 실거래가 56억 원이라도 보도되었지만 이후 추가로 신고된 직전 최고 실거래가는 64억 원으로 실제 하락은 35억 원이 넘어 55%의 대폭락을 한 것이다.

남서울아파트, 절찬 분양!

1981.7

대한주택공사에서 선착순 일반분양 시행해,
대상은 서울시 영등포구 반포동

한동안 이번의 실거래가 신고에 대한 추측이 난무하며 시장은 술렁거렸고 가뜩이나 고점 징후가 농후해 뒷걸음치던 서울아파트 시장은 서서히 무너지기 시작했다. 보름 정도 후 보도된 후속 기사에서는 1971년 남서울아파트로 분양이 된 반포주공1단지를 1974년에 매수한 조합원이 깜박하고 분양신청을 안 하는 실수를 하여 조합으로부터 현금청산 당하면서 벌어진 해프닝이라는 것이었다. 무려 50년 동안 소유했던 아파트의 분양신청을 깜박해 35억 원이 넘는 돈을 날렸다니 이걸 진짜로 믿어야 하나 의아스럽다. 그럴 리는 없겠지만 혹시 다른 목적이 있어 조합과 조합원이 "주작"을 한 것은 아닌지 의심스러울 정도다.

어쨌든 연초의 이상 실거래에 대한 추측이 무성한 사이 이내 정상거래가 신고되고 오히려 신고가를 계속 갱신하면서 시장에서의 관심은 멀어졌다. 단순한 실수(?)라고는 하나 사실 여부를 떠나 이 실거래가의 파편은 엉뚱하게 작동을 하면서 서울아파트값의 대폭락을 예고하는 듯했다. 마치 거대한 댐이 무너지기 전 손가락만 한 구멍으로 균열이 시작되듯이……

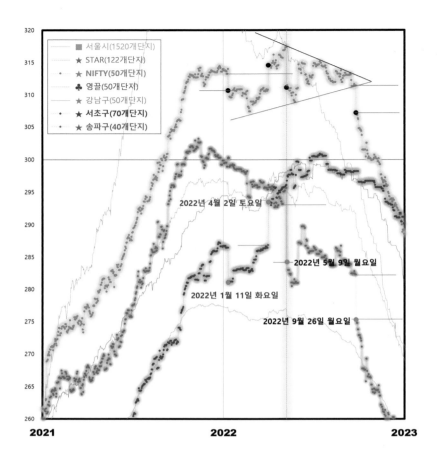

　강남3구와 NIFTY 지수가 포함된 차트의 2021년 말 부분을 보면 송파구(초록색) 등 대부분의 아파트값은 이미 고점에서 꺾인 후 서서히 우하향하고 있었고 강남구(핑크색)와 서초구(초파란색)만이 계속해서 신고가 행진을 하고 있을 때였다. 그런데 연초 들어 1월 11일, 서초구 실거래가 지수에서 거대한 갭이 발생하며 폭락이 시작되었다. 주요 지수인 NIFTY 지수(레드)는 2개월간의 박스권에서 크게 이탈을 했다. 바로 반포주공1단지의 55% 폭락거래 때문이었다.

　그런데 이후 며칠이 지나지 않아 반포주공1단지의 정상 실거래가가 속속 등록되면서 정작 당사자인 서초구 지수는 재차 신고가 행진을 더 가파르게 진행하였고 유탄을 맞은 주변 지수들은 그동안의 하락추세보다 더 가파른 폭락세까지 보이게 된다. 즉, 서초구나 강남구 등에서 누군가 자기 자산은 지키면서 경쟁 지역이나 주변 지역의 가치를 떨어뜨려 반대급부를 얻고 거기에 추후 투매를 유도하여 최저가에 물량을 거둬들이기 위해 서울아파트의 폭락 단초를 기획한 것이라면 아주 성공적인 결과라 할 수 있다.

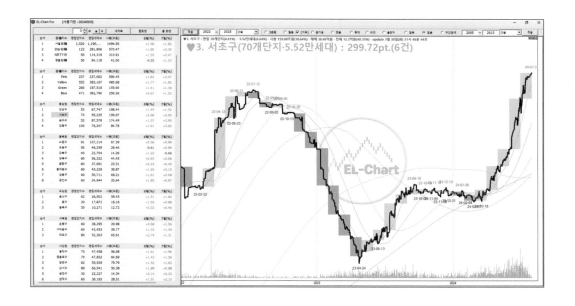

또 한 가지 서초구 실거래가 시세의 올해 특이한 움직임도 포착이 된다. 작년 중반, 반등하던 서울아파트가 10월부터 조정에 들어가면서 가장 강한 반등을 하던 송파구 등 제법 큰 폭으로 밀리는 지역도 많았다.

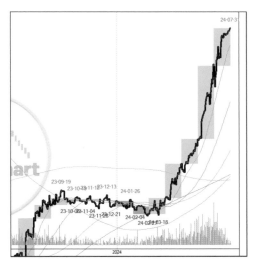

그런데 이 기간의 서초구 흐름은 아주 이상한 흐름을 보였다. 거의 반년 동안 옆으로 횡보만 하였는데 4월 들어 갑자기 폭등세를 보인 것이다. 마치 누군가의 지휘 아래 시장의 관심밖에 있다가 한순간에 쳐올리는 그야말로 작전주 패턴을 보인 것이다. 아파트 단지 수가 800개가 넘고 세대수도 10만 세대를 넘으며 시가총액도 수백조 원에 달하는 거대한 지역의 실거래가 지수가 어떻게 저렇게 움직일 수 있을지 지금도 의아하다. 하락 때도 그랬듯이 상승 때도 이러한 모습은 자산운용사나 거대 법인 등 큰 다마(?)들의 작전이 아니면 불가능하다고 생각된다.

2024.7

4년 전 '불장' 재현되나?
서울 집값 상승을 선도하는 선도아파트!

KB부동산 7월 월간 동향에 따르면, 한달 사이 서울 아파트값 0.56% 상승

50개 선도아파트지수 2.25% 상승 및 반포 국평 50억 거래 등 최고치 치솟아

필자가 만들어가는 실거래가 지수 중 STAR 지수나 NIFTY 지수와 비슷한 것으로 KB선도아파트50지수라는 것이 있다. 시가총액 상위의 대단지로 구성된 초우량주들의 지수라고 보면 되는데 필자와의 차이점은 구성하는 단지가 서울만이 아닌 전국이라는 것이고 매년 수익률이 저조한 아파트를 제외시키고 상승률이 높은 아파트를 새로이 편입시킨다. 또 한 가지는 데이터가 늦게 나오는 실거래가 대신 KB시세를 이용한다는 것이다. 그래서 시가총액이라는 용어 대신 "시세총액"을 사용하는데 이번 반등장을 이끈 주역들이 대부분 이 지수에 포함되어 있다.

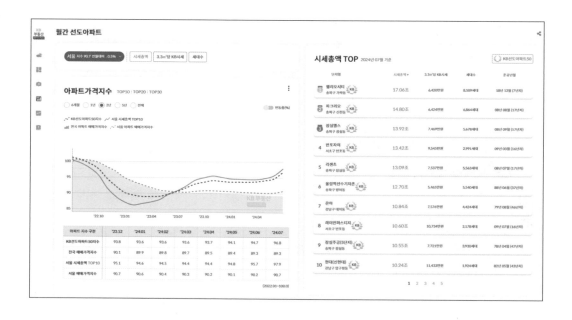

여기서도 시가총액 상위 10개 단지 등 편입단지 수를 더 줄이면 상승과 하락의 탄력이 확연하게 드러나는데 KB은행 사이트에서 보이는 서울아파트 매매가격동향지수(붉은 점선)이 굴곡 없는 완만한 흐름을 보이고 있는 반면 KB선도50지수(검은색 점선)는 보다 등락이 크고 이번 반등장에서도 급하게 올라가는 모습을 보인다. 특히 시세총액TOP10 지수는 하락기와 상승기에 더욱 가파른 등락을 보여준다. 즉 시가총액 상위 아파트일수록 시장을 움직이는 영향력(지수기여도)이 커 헬리오시티나 파크리오, 반포주공1단지 등의 이상거래가 중요한 변곡점에 자주 등장하는 듯하다.

어쨌든 중요한 시점에서 서초구 아파트가 서울아파트 변곡점을 만드는 경우를 자주 목격할 수 있는데 앞으로의 중요한 변곡점마다 서초구 주요 단지들의 실거래가를 유심히 관찰한다면 투자 판단에 의외의 성과를 낼 수도 있지 않을까 하는 생각이 든다. 서울아파트 변곡점은 '서초구'가 정하고 부녀회의 변신은 무죄다!

11

2021 패닉바잉의 끝은 벼락빚 거지!
'영끌오적 index'

"청년들이여, 하루라도 빨리 집부터 사라" 서울 집 값, 떨어질 방법이 없어. 노도강을, 500%밖에 안 올랐다!

엘리엇TV
구독자 5.25만명

혜택 보기   분석   동영상 수정

👍 85   👎   ↱ 공유   📢 홍보하기   ⬇ 오프라인 저장   ⋯

조회수 1,495회 2021. 5. 9.
오늘 유명한 부동산 전문가 한분의 컬럼 하나가 인터넷을 뜨겁게 달구고 있는데요.

    3년 전인 2021년 5월, 필자는 유튜브 채널을 개설하고 영상을 올리기 시작했다. 서울아파트 8년 하락을 주장한 책을 내놓은 후 당시 유행하던 혹시 모를 청년들의 "영끌" 사태 후유증에 대한 걱정이 많았던 터라 세상에 경고를 울리기 위함이었다. 그때 처음으로 올렸던 것이 이 영상인데 당시 기업형 유튜버들이 여러 채널이나 메이저 언론 등의 인터뷰에서 청년들에게 영끌을 부추기고 있는 내용을 비판한 영상이었다.

집부터 사야 한다!
청년들에게 떨어진 가장 시급한 과제

서울 집값은 떨어지지 않는다, 오늘이 가장 싸… 강북 재조명 예상

당시에 기사 내용의 문제점을 지적해 보면, 첫 번째로 권유 대상이 "청년들"이라는 것이다.

2030 청년층
주거 대출 영끌에 허덕여…

연소득 3배를 빚진 청년층, 빚 증가 속도 가장 가팔라

사회에 진출한지 얼마 안 된 청년층은 자산을 축적할 시간이 짧다. 한 푼도 안 쓰고 월급을 모아도 20~30년 걸리는 고가의 아파트를 사려면 능력 밖의 영끌을 할 수밖에 없었다. 무엇보다 사회경험이 적어 부동산 시장의 위험성을 잘 모른다는 것도 한몫을 했다. 분위기에 도취되어 오판할 가능성도 큰 세대라 할 수 있다.

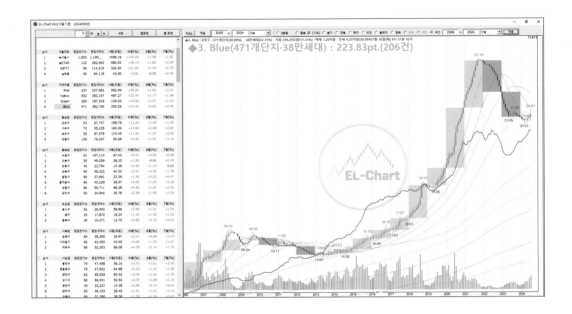

두 번째 문제점은 "하루라도 빨리 집부터 사라"는 것으로 2021년 5월이면 서울아파트는 이미 9년 연속 폭등을 한 후였기에 하락의 가능성도 열어두고 신중했어야 했다. 이 기사가 보도된 때가 노도강 상투 4개월 전으로 이 기사를 본 후, 매수 결심을 한 청년이 임장하고, 자금계획을 세우고, 계약까지 했다면 정확히 상투에 계약서를 썼을 가능성이 크다.

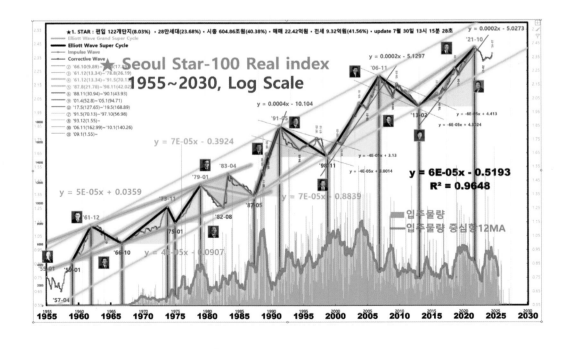

세 번째 문제점은 "공급 부족"으로 앞으로는 집값이 "떨어질 방법이 없다"는 것이다. 그런데 30년 전의 1991년 5월의 상투나 15년 전의 2006년 11월 상투는 모두 입주 물량이 최저일 때 발생했다. 즉, 공급 부족이 항상 아파트값을 올리는 재료가 된 것은 아니라는 것이다. 따라서 이번에도 입주 물량이 급감하는 2021년 말이 또다시 서울아파트값이 상투일 수 있다는 것이었다. 이상하리만치 서울아파트는 15년마다 입주 물량 바닥이 찾아왔기 때문이다.

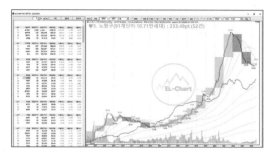 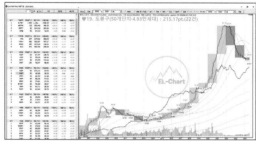

마지막으로 네 번째 문제점은 청년들에게 노도강 등 "강북"권 아파트를 권했다는 것이다. 물론 청년들의 자금력으로 매수할 수 있는 아파트가 대부분 강북권에 있고 실제로 청년들이 주로 영끌해 매수한 아파트가 노도강 지역에 있었다. 문제는 노도강 등 저가 아파트들이 코로나 이후 패닉바잉의 결과로 강남권보다 훨씬 더 폭등한 후라는 것이다. 또한 이미 대세 상승 초반부터 선진입한 투기 세력들이 수익을 챙기고자 물량을 떠넘기려는 시점에 노도강을 추천한 것은 위험천만한 것이었다. 노도강 지역의 아파트 자가 거주 비율이 극히 적었던 당시 통계들을 보면 이를 짐작할 수 있다.

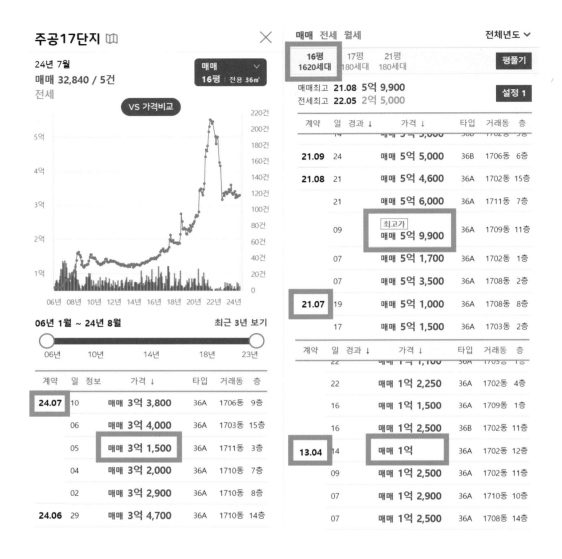

주공17단지 📖 ✕

24년 7월
매매 32,840 / 5건
전세

VS 가격비교

06년 1월 ~ 24년 8월   최근 3년 보기

계약	일	정보	가격 ↓	타입	거래동	층
24.07	10	매매 3억 3,800		36A	1706동	9층
	06	매매 3억 4,000		36A	1703동	15층
	05	매매 3억 1,500		36A	1711동	3층
	04	매매 3억 2,000		36A	1710동	7층
	02	매매 3억 2,900		36A	1710동	8층
24.06	29	매매 3억 4,700		36	1710동	14층

매매 전세 월세   전체년도 ⌄

| 16평 1620세대 | 17평 180세대 | 21평 180세대 | | 평풀기 |

매매최고 **21.08** 5억 9,900   설정 1
전세최고 **22.05** 2억 5,000

계약	일	경과 ↓	가격 ↓	타입	거래동	층
	14		매매 5억 3,000	36B	1702동	5층
21.09	24		매매 5억 5,000	36B	1706동	6층
21.08	21		매매 5억 4,600	36A	1702동	15층
	21		매매 5억 6,000	36A	1711동	7층
	09		최고가 매매 5억 9,900	36A	1709동	11층
	07		매매 5억 1,700	36A	1702동	1층
	07		매매 5억 3,500	36A	1708동	2층
21.07	19		매매 5억 1,000	36A	1708동	8층
	17		매매 5억 1,500	36A	1703동	2층

계약	일	경과 ↓	가격 ↓	타입	거래동	층
	22		매매 1억 1,100	36A	1703동	1층
	22		매매 1억 2,250	36A	1702동	4층
	16		매매 1억 1,500	36A	1709동	1층
	16		매매 1억 2,500	36B	1702동	11층
13.04	14		매매 1억	36A	1702동	12층
	09		매매 1억 2,500	36A	1702동	11층
	07		매매 1억 2,900	36A	1710동	10층
	07		매매 1억 2,500	36A	1708동	14층

　필자가 그동안 영끌 관련 아파트로 자주 샘플로 삼았던 도봉구 창동 주공17단지를 예로 들어 보자. 1989년 준공된 1,980세대의 대단지로 소형 평수가 대부분이라 젊은 청년들이 재건축을 바라보고 영끌해 매수하기 좋은 가격대다. 만일 저 기사와 영상을 보고 하루빨리 강북의 아파트를 영끌해 매수하려고 마음먹은 청년이 이 아파트를 샀다면 결과는 어찌 되었을까? 5월 가족과 상의를 한 후 은행에 대출을 알아보고 모자란 금액을 영끌하는 데 시간이 걸렸을 점을 감안하면 계약까지는 3개월 정도로 보면 될 것이다.

그런데 공교롭게도 7월 매수했을 만한 시점에 이 아파트뿐만 아니라 노도강 지역의 저가 아파트가 거의 대부분 상투를 기록했다. 하필이면 5억 9천만 원 최고가에 판 매도자의 매수단가도 2013년 최저가인 1억 원이었을 수도 있다. 최근 반등 기미가 보이고는 있으나 여전히 최고가의 절반 가격인 3억 원 초반에 거래되고 있음을 볼 때 이미 레버리지가 큰 영끌러들의 투매는 끝났을 테니 당분간 추가 하락은 없을 가능성이 더 크다. 극단적인 사례일 수도 있으나 2021년 상투 직전의 전문가들 선동이 얼마나 위험했는지 경각심을 주기에는 충분하다.

만일 기사의 제목과 정반대였다면 어땠을까? "자산가들이여, 몇 년 기다렸다 강남구 아파트를 사라"

영끌할 이유가 없는 자산가들이 2021년 상투 이후 2-3년 기다렸다가 폭락한 강남권 아파트를 샀다면 1년 정도 지난 지금 신고가 놀이를 하고 있을 것이다. 그런데 3년 전 노도강 아파트를 상투 직전 영끌한 청년들은 이번 반등장에서도 소외된 지금 30~40% 이상 물려 있다. 이처럼 레버리지가 과도한 상황에서 자칫 추가조정이라도 온다면 투매나 경매로 몰릴 위험에 처하고 만다.

필자가 "2021년 서울아파트, 大폭락이 시작된다!"라는 책을 쓰고 유튜브를 시작하자 일반 시청자들 댓글뿐만 아니라 기존의 상승론자들이 많은 공격을 해왔다. 실제 이 책을 저격하는 영상도 여럿 올라오기도 했다.

부동산 시장에 엘리엇 파동이론 적용 가능할까? (2분만에 박살내 드립니다)
조회수 1.1만회 • 3년 전

특히 필자가 주장한 생소한 이론인 "엘리어트 파동 이론"에 대해 부동산 전문가들은 많이들 비판적이었다. 특히 필자가 유튜브를 시작한 지 한 달도 안 되어 구독자가 몇백 명에 불과했지만 타 방송에 두세 번 출연하며 인지도가 높아지자 20만 명이 넘는 한 부동산 유튜버가 필자의 저서를 비판하는 영상을 올렸다. "2분 만에 박살 내 드립니다. 부동산 시장에 엘리어트 파동 이론 적용 가능할까?"라는 제목이었다.

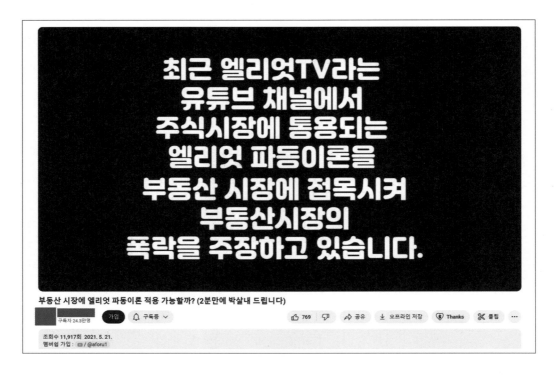

그런데 "2분 만에 박살" 난 건 엘리어트 파동 이론이 아닌 서울아파트였다.

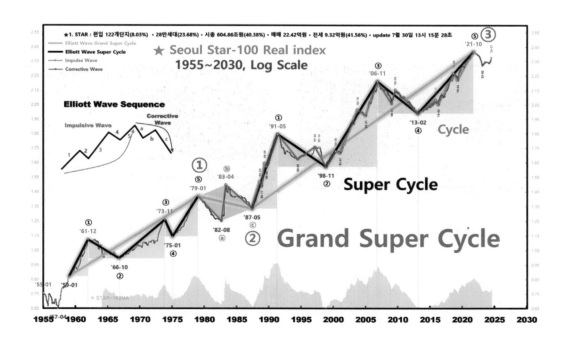

2021.10

급등, 올해는 시작에 불과!
내년 7월 막막

2+2 전세계약이 끝나면 전세가 폭등과 함께 매매가 급등 주의

아이러니한 것은 필자의 저서와 엘리어트 파동 이론을 비판하던 그 유튜버는 몇 달 후인 10월의 한 메이저 언론사 유튜브에 출현하여 전세가 폭등에 따른 2022년 서울아파트 폭등장을 주장했다. 이 기사가 나온 10월은 국토부 실거래가 기준으로 정확히 서울아파트 상투였으며 폭등론의 근거였던 전세대란 걱정과는 반대로 역전세와 깡통전세 사태라는 사회적인 문제까지 발생하며 이듬해 서울아파트는 유례없는 폭락을 했다.

결국 지나고 나서 보니 당시 누구도 예상하지 못했던 서울아파트 大폭락을 예상한 "엘리어트 파동 이론"이 옳았다.

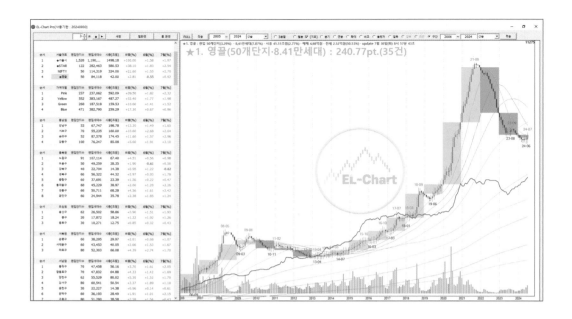

필자가 개발한 서울아파트 실거래가 지수 중 "영끌오적 index"가 있다. 노도강 아파트 시가총액상위 200 여개 단지 중 지난 9년 동안 가장 많이 오른 아파트들의 시가총액으로 산정한 일종의 "섹터지수"로 특히 코로나 이후의 폭등과 2021년 10월 상투 이후의 드라마틱한 폭락을 잘 보여준다.

당시 조선일보 유튜브 채널인 "봉다방"에서는 한창 논쟁거리가 되던 "폭락론 vs 폭등론 대해부"라는 시리즈를 방송했었다. 그런데 유튜브 시작한 지 한달 밖에 안된 필자가 대표적인 폭락론자로 소개되었다. 아마도 당시에는 서울아파트의 패닉바잉 국면이어서 "하락"의 하"자도 언급도 할 수 없었던 때라 필자의 저서와 주장이 주목을 받았던 것 같다.

영끌5적 vs. 을사5적(부일남, 이땅우, 빵송, 얼음곤장, 아퍼유 vs. 이완용, 이지용, 박제순, 권중현, 이근택)

필자의 유튜브 채널이 알려지며 구독자 수가 늘자 필자는 조금 도발적인 방송도 올리곤 했다. 특히 서울아파트 폭등론자들을 저격하는 어그로성 내용도 있었는데 나중에는 방송 중 필자가 언급했던 "영털", "벼락빛 거지", "아가리 호가" 등의 신조어가 타 유튜브 방송이나 부동산카페 등에서 회자되기도 했다.

2021년의 불장에서도 조만간 서울아파트값은 고점을 치고 큰 조정이 올 것이라고 주장했던 유튜버가 몇 명 있었는데 필자와 "아파트 사이클 연구소" 이현철 소장, "리치고"를 운영하는 프롭테크 기업의 김기원 대표가 대표적이었다. 필자는 2021년 당시 이들이 여러 명의 청년들을 영끌의 유혹에서 살렸다고 생각한다.

수십억의 강남권 대형 아파트를 매수하려는 자산가가 유튜브를 보고 매매할 가능성은 거의 없는 반면 4~7억 원 정도, 비싸야 10억 원 정도 하는 중소형 아파트를 매수하려는 청년층에게 유튜브는 큰 영향을 미쳤을 것이라고 생각되어서다. 실제 필자의 책을 보고 2021년 8월부터 11월 사이에 아파트를 매도했다는 구독자의 사연 11건이 필자의 채널에 영상으로 올라가 있다.

2021년 출연해서 서울아파트 폭락을 경고했던 3명의 유튜버에게 머니투데이 "부릿지" 방송에서 상을 주는 시상식 이벤트가 있었다. 당시 필자에게는 가장 먼저 폭락론을 꺼내며 방송 출연을 했던 공로로 "파이어니아" 상을 수여해 주었다. "폭락론의 개척자"라는 의미인 듯하다.

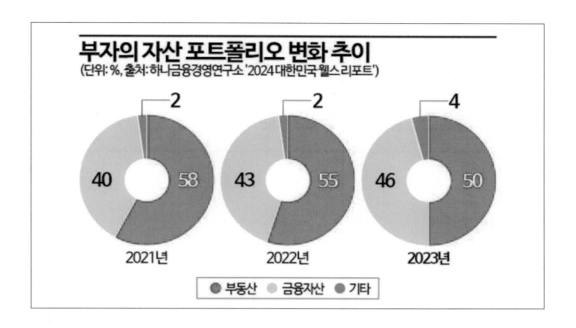

부자의 자산 포트폴리오 변화 추이
(단위: %, 출처: 하나금융경영연구소 '2024 대한민국 웰스리포트')

2021년 / 2022년 / 2023년

부동산 금융자산 기타

하나금융연구소에서 발간한 리포트 "2024 대한민국 웰스리포트" 내용 중 최근 3년간 부자들의 자산 포트폴리오 변화 추이를 보여주는 다이어그램이 있다. 은행권 중 PB 부분에서 최강자인 하나은행이 고객 중 고액 자산가들을 대상으로 조사한 바에 따르면 2021년 보유자산 중 58%였던 부동산 비중이 2년 만에 50%로 급감을 했고 2024년에는 그 비중이 절반 이하로 떨어질 가능성도 있다.

많은 전문가들은 현재의 서울아파트 반등장을 투기자들이 들어오는 시장이 아닌 실수요자 시장이라 진성의 대세상승 국면이라고 주장을 한다. 그럼 청년층이나 신혼부부, 생애 첫 아파트 구입자 등 실수요자들에게 아파트를 팔고 있는 사람들은 도대체 누구인가? 10년 전 매수했던 다주택 투기 세력들이 7월 1만 건에 육박하는 거래 폭증기를 틈타 두세 배 오른 가격에 팔아 치우고 있는 것은 아닐까? 주식 시장에서도 선수들은 작전의 마지막 단계인 "물량 털기" 과정에서 보유 주식을 처분할 때 소량의 자전거래로 가격을 올리면서 정작 자신들의 물량은 대량으로 처분한다. 그 주식을 넘겨받은 초보 개미들은 매수 초반 일시적으로 찍힌 수익금에 도취되어 자기가 설거지를 했다는 것을 알아채지 못한다.

12

데포르마시옹,
추세이탈은 창조적 파괴!

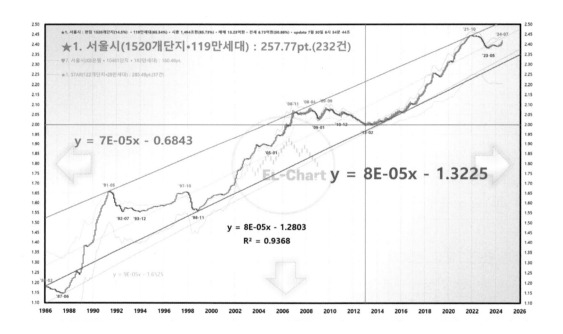

　서울아파트 통계조사 및 지수산정은 주택은행에 의해 1986년부터 시작되었는데 지역 복덕방 사장님들로부터 집계한 호가자료들을 가공해 발표하는 "동향조사" 방식이었다. 이를 현재의 부동산원이 이어받아 지속하고 있으나 그 통계 결과는 실로 엉망이어서 분석 지표로는 사용이 불가능하다는 것을 느낀 필자는 2017년부터 초보적인 수준이긴 하였으나 엑셀을 이용해 실거래지수를 산정하기 시작했다. 그동안 많은 진보가 있어 지금은 데이터 양도 매우 많아졌고 보다 정교한 수치를 생산하고 있다. 앞으로도 더 많은 개선점이 있도록

노력하는 중이다.

EL-Chart에 업로드되는 서울아파트 종합 지수는 1,520개 단지의 119만 세대로 구성되어 있는데 이는 실제 서울아파트 시가총액의 86%를 차지한다. 2006년 이후의 데이터는 국토부 실거래가이고 이전 1988년부터는 KB 등에서 구한 개별평형의 중위시세이다. 그리고 1975년 이후 1986년까지는 은마 등의 아파트와 서울 주택가격지수를 합성한 것이며 그 이전은 델러스연방은행 등 외국 기관에서 얻은 전국 주택가격지수이다.

1970년대 초까지는 서울 주택 중 아파트의 비중이 한 자릿수라 주택지수를 아파트지수에 연결하여 사용 중인데 수십 년 전의 데이터는 변곡점이나 추이 정도만 참고하기에 다소 부정확함에도 불구하고 사용에는 별문제가 없어 보인다.

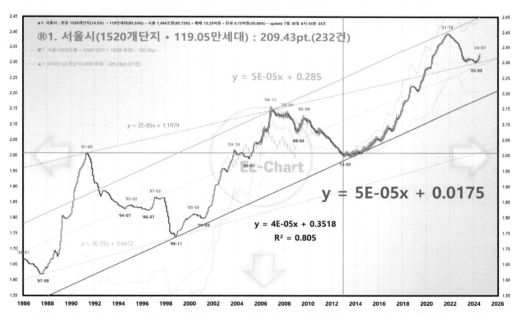

1차로 생산된 서울아파트 지수는 명목지수로 필요에 따라 물가지수를 반영한 실질지수로 변형해 사용하기도 한다. 실제 위 차트에서 보듯이 1998년 저점과 2013년 저점을 연결한 지지선을 평행이동하여 2006년 고점으로 옮기면 2021년 상투와 만난다. 명목지수보다 그 오차가 현저하게 줄어들기 때문에 9년간의 상승이 언제 마감할지 몇 년 전부터 예측할 수도 있었을 듯하다.

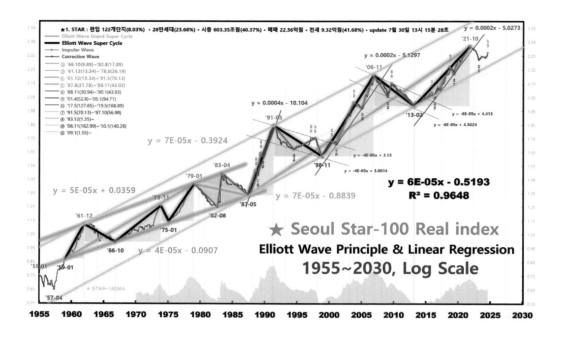

★1. STAR : 편입 122개단지(8.03%) · 28만세대(23.68%) · 시총 603.35조원(40.37%) · 매매 22.36억원 · 전세 9.32억원(41.68%) · update 7월 30일 13시 15분 28초

★ Seoul Star-100 Real index
Elliott Wave Principle & Linear Regression
1955~2030, Log Scale

$y = 6E-05x - 0.5193$
$R^2 = 0.9648$

문제는 1,520개 단지의 데이터가 너무 방대하기에 시장의 변동을 민감하게 반영하지 못하는 스무딩 현상이 생긴다는 것이다. 이를 보완하고자 세대수가 많아 거래가 잦은 시가총액 100위 내의 아파트로만 구성되는 STAR 지수를 개발했다. 1989년부터 매 10년마다 100등 안에 들었던 아파트를 누적시키니 122개 단지가 되었는데 지수의 등락폭이 매우 크고 상승기에는 너무 과도한 반영을 한다는 문제점을 발견하였다. 그래서 이를 보완하고자 소비자물가지수를 반영한 실질지수도 개발했는데 몇 년 동안 추적하며 시장 상황에 연결시켜 보았는데 매우 유용하다는 사실을 발견하였다.

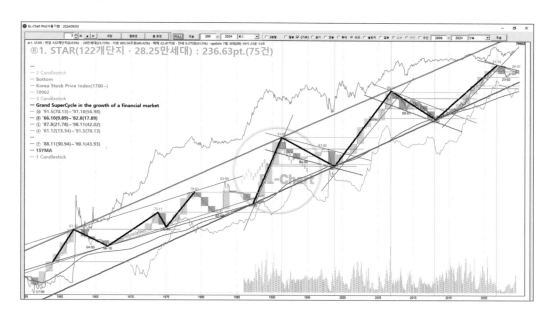

엑셀로 만들어 사용하던 중 데이터양이 많아짐에 따라 작업과 속도에 한계를 느끼고 올해 초 전문개발자에게 의뢰해 EL-Chart를 개발했고 계속 기능 업그레이드 작업도 진행하고 있다. 엑셀보다 정교하진 않아도 수천 개의 아파트 데이터를 손쉽게 가공할 수 있어 아주 유용한데 3년 전 저서에서와 달리 이번에는 엑셀뿐만 아니라 EL-Chart를 활용하여 상당 부분을 집필 자료로 활용하였다. 우선 1955년 이후의 추세를 살펴보면 70년간의 추세를 두 구간으로 분리할 수 있다.

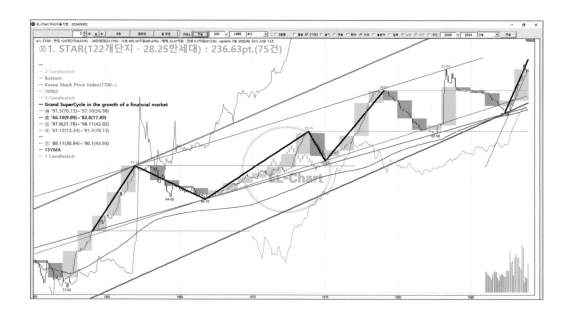

첫 번째 구간은 1960년부터 1986년까지 26년 정도의 구간으로 평행한 추세대 내에 주요한 고점과 저점이 위치한다. 1975년 이전에는 아파트 비중보다 단독주택이 10배 이상 많던 시절이었고 신문 기사에서도 주택과 아파트 시장을 동일하게 묶어 보도되던 시절이라 정확도가 떨어지지만 추세와 변곡점 파악에는 매우 유용한 차트다.

이번 챕터의 제목이 "데포르마시옹"이다. 문학 용어에서 "창조적 파괴"라는 의미로 사용되는 프랑스 단어로 무엇인가 새로운 시작을 하려면 기존의 틀을 깨부숴야 한다는 뜻이다. 1961년 이후 상승하던 지수가 1979년 5개의 파동이 끝나며 조정파를 겪은 후 1987년 새로운 파동이 시작되던 때에 추세대 하단의 지지선을 일시적으로 깨고 내려간 모습을 볼 수 있다. 필자도 34년의 상승파동이 끝난 2021년 10월 이후의 흐름에서 앞으로 이러한 "창조적 파괴" 현상이 나타날 것이라고 예상하고 있다. 그래서 앞으로 진행될 서울아파트 2차 폭락 후에는 41년 만의 기회가 온다고 주장하는 것이다.

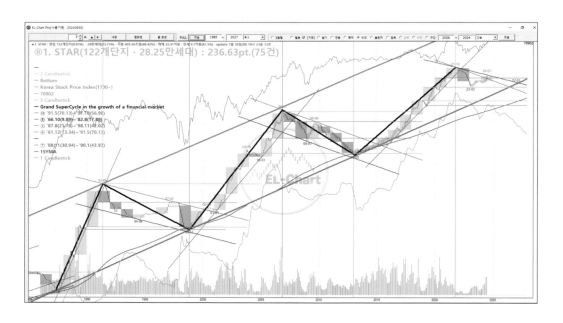

70년간의 그래프에서 구분되는 두 번째 구간은 1987년 이후부터 현재까지이다. 방금 전 보았던 첫 번째 구간을 그랜드 슈퍼사이클 1파로 본다면 이번에 보고 있는 구간은 그랜드 슈퍼사이클 3파로 카운팅이 가능하다. 추세대 하단의 지지선은 1987년 저점을 P1으로 하고 1998년 저점을 P2로 하는 1차 함수로 이 지지선의 연장선상에서 신기하게도 2013년 저점이 만난다. 또한 이 지지선을 평행 이동하여 1991년 고점으로 옮기면 2006년 고점에서 만나게 되는데 마치 누군가 자를 대고 선을 그으면서 지수를 만들어 온 듯한 느낌마저 든다.

그런데 이러한 서울아파트값이 추세대 내에서 영원히 고점과 저점을 만들며 진행해 나 갈 수는 없는 노릇이다. 결국 이 추세대 내의 진동은 엘리어트 파동 이론이 적용되는데 마 지막 5파동은 상승파 중 가장 약한 경우가 많아서 이번 9년 상승은 3개의 상승파 중 가장 오랜 기간 진행되었음에도 추세대 중간에서 2021년 그 수명을 다한 듯하다.

로그차트를 산술차트로 확대해 보면 직선의 지지선이 곡선의 지지선으로 변형이 된다. 한편 1987년 이후 34년간의 5개 파동 중 3개의 상승파마다 마감된 직후의 중기추세 붕괴 에서도 동일한 패턴을 보이고 있다. 즉 1987년 5월 저점부터 1991년 5월 고점까지 4년간 상승했던 슈퍼사이클 1파는 상투를 찍고 2개월 만인 7월에 추체선이 무너지며 결국 IMF 사태를 맞아 폭락하기까지 8년의 세월이 걸렸다.

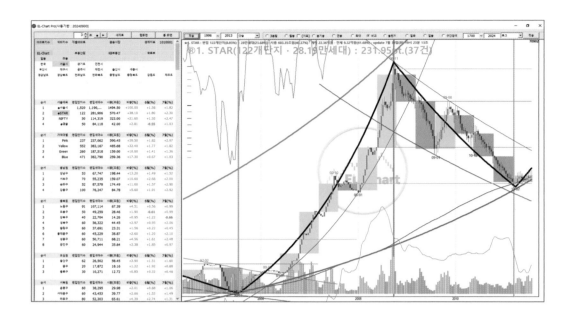

또한 1998년 11월 저점부터 2006년 11월 고점까지 8년간 상승했던 슈퍼사이클 3파는 상투를 찍고 11개월 만인 이듬해 10월에 추체선이 무너지며 6년의 조정 기간을 거쳤다.

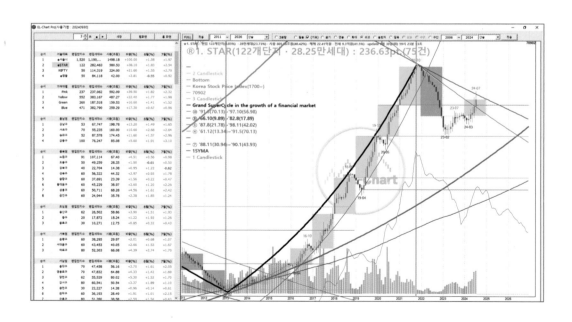

그리고 마지막 파동이자 최근의 상승파동은 2013년 2월 저점부터 2021년 10월 고점까지 9년간 상승한 슈퍼사이클 5파로, 상투를 찍고 5개월 만인 이듬해 3월에 추체선이 무너지며 현재의 조정 기간을 거치고 있다. 필자가 1년 이상 상승 중인 최근의 파동이 "중간반등"이라고 하는 이유가 여기에 있는데 이번 상승을 반등 B파 중 두 번째 파동의 하위 C파로 본다면 재차 상위 조정 C파가 진행될 것으로 봐야 한다. 참고로 필자는 위 차트의 2021년 10월 최고점에 하락하는 저항선을 2개를 시뮬레이션하였는데 붉은색은 2006년 조정 4파동을, 파란색은 1991년 조정 2파동의 기울기를 적용시킨 것이다. 현재 2006년 조정파의 기울기는 돌파한 상태이고 7월 현재는 1991년 조정파 기울기에 접근하는 중이다.

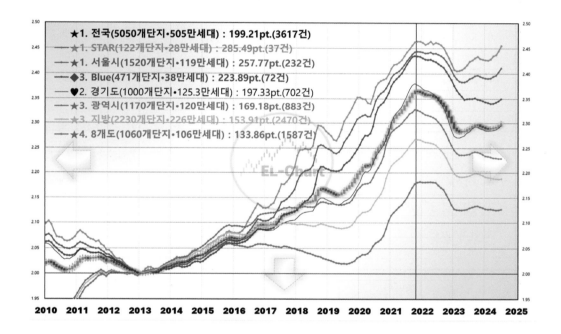

서울아파트의 파동과 지방이나 전국 아파트의 파동은 기간과 형태가 부분적으로 제각각이지만 공통점은 이번 상승파동이 거의 동시에 마감하였고 이후 정도는 다르지만 모두 조정파동을 겪고 있다는 것이다.

2013년 서울아파트 저점을 기준지수 100으로 하여 각 지역의 지수를 비교하면 가장 강한 지역은 서울아파트 지수이고 가장 약한 지역은 지방 8개도 지수이다. 전국과 서울, 지방 중에서는 광역시의 장기차트를 보면 현시점이 매우 위험한 구간임을 알 수 있다.

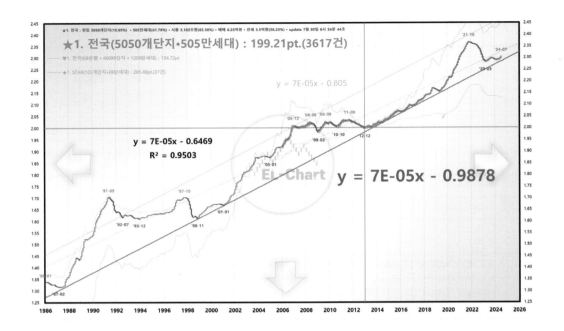

일단 5,050개 단지에 505만 세대로 구성된 전국 아파트 지수의 초장기 로그차트를 보면 1987년 이후 하나의 지지선을 타고 시세가 꾸준히 우상향해 왔다는 것을 알 수 있다. 그런데 현재 지지선 위에서 반등을 시도하고 있으나 매우 위태롭게 보인다. 즉, 언제라도 외부 충격이 온다면 37년째 버티던 추세선을 이탈할 가능성이 있다는 것이다. 문제는 전국지수를 구성하고 있는 지역 중 약한 고리부터 초장기 지지선을 이탈하고 있다는 것이다.

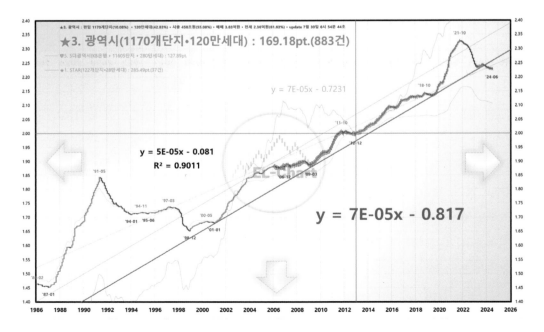

1,170개 단지에 120만 세대로 구성된 5대광역시 지수는 과거 1991년 상투 이후 조정을 받았던 시기에 전국 지수에 비해 과도한 조정을 받았던 터라 1998년의 저점이 추세선의 저점이 아니고 2001년에 P1의 저점이 생기게 된다. 이런 형태를 필자는 "배불뚝이" 저점이라고 하는데 8개도 등 지방 지역의 지수에서 많이 나타난다.

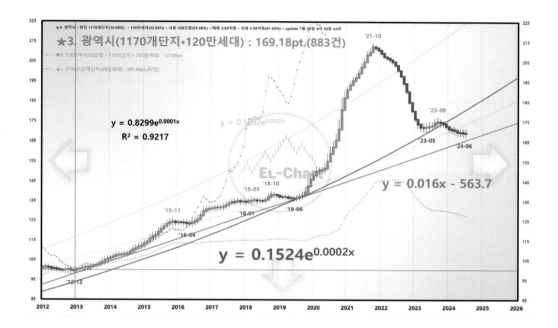

어쨌든 광역시 지수는 폭락을 하던 중 특례보금자리론과 둔촌일병 구하기 덕으로 작년 초에 반등에 성공을 하여 지지선을 지켜냈으나 재차 하락하게 되었고 올해 초 신생아 특례론 등의 추가 부양책에도 불구하고 지난 40년간의 추세를 이탈하며 지금까지도 조정세를 이어가고 있다.

많은 전문가들이 부산이나 대구 등의 광역시가 그동안 많이 하락했기 때문에 이번엔 바닥을 찍고 상승세로 돌아설 것이라며 매수 추천하는 영상을 보았다. 물론 장기간의 로그지지선(녹색)이 무너졌지만 아직 단기 산술지지선(분홍)의 지지력도 기대할 만하다. 그러나 필자가 보는 차트에서의 광역시 모습은 이제 막 하락을 시작한, 마치 1991년 하락추세로 돌아선 이후의 8년 하락장이 떠오른다. 즉, 서울의 이번 반등세에도 제대로 반등하는 모습을 보이지 못했던 지방 8개도와 광역시는 서울아파트가 다시 조정장으로 들어선다면 오히려 더 큰 폭락세를 보일 수 있다고 생각한다. 그것이 바로 "창조적 파괴" 현상이기 때문이다.

　우리나라 최초로 필자는 일간 실거래가 지수와 동별 실거래가 지수를 만들었는데 추세와 관련하여 몇 개 지역을 점검해 보자. 위 차트 중 좌측은 서울시 동별 시총 1위의 반포동 실거래가 로그차트이다. 13개 단지에 19,400세대로 구성된 초고가의 아파트 지수로 시총은 73조 원이 넘으며 평균 매매가도 40억이 넘는다. 최근의 조정 이후 급반등에 성공하며 전고점마저 돌파했는데 리먼 사태 직후의 2009년 반등장 때도 전고점을 돌파한 후 3년여간 고공권을 유지했던 초강력 지수다.

　우측의 차트는 동별 시총 2위의 잠실동 지수다. 10개 단지에 26,400개 단지로 구성된 지수로 시가총액 64조 원에 평균 매매매가는 24.3억 원이다. 한참 동안 시총 1위를 기록했으나 이번 폭락장에서 반포동에 밀려 2위를 기록하고 있다. 최근의 흐름은 시총 2위를 내주었듯이 반포동 지수보다는 약한 모습인데 40년 추세선에 너무 가까이 있어 최근의 강한 모습에도 불구하고 다소 위험한 상황이다. 물론 위기는 기회로 바뀔 수 있다.

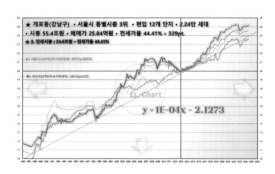 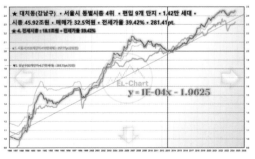

　위 차트는 시총 3위의 개포동과 4위의 대치동 지수로 둘 다 강남구에 속한다. 최근 몇 년간은 상승탄력이 약했으나 조정 또한 깊게 받지 않고 전고점을 넘어서며 완만한 상승 중이다. 추세선과도 멀어 송파구 지역에 비해 덜 위험해 보인다.

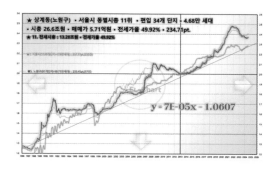
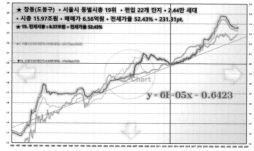

위 차트 중 좌측은 노원구 상계동, 우측은 도봉구 창동 지수로 각기 구 내에서는 시총 1
위를 차지하고 있을 만큼 규모는 매우 큰 편이다. 지수 구성에 단지수와 세대수가 많이 포
함되어 있으나 중저가 아파트로 구성이 되어 있어 시가총액은 작기 때문에 10위와 20위를
기록하고 있다. 34개 단지에 46,800세대의 상계동 평균 매매가는 5.6억 원이고 22개 단지
에 24,400세대인 창동의 평균 매매가는 6.3억 원으로 창동이 7천만 원 정도 더 고가다.

40년간의 추세선에서는 많이 떨어져 있으나 이는 지난번 폭등이 얼마나 과도했는지 알
수 있는 증거이며, 앞으로도 지수는 이 추세선의 인력에 끌려 내려갈 가능성이 보여 우려
가 되는 부분이기도 하다. 최근의 서울 반등장에서도 소외된 이유가 한참 아래에 있는 추
세선의 인력을 벗어날 에너지가 적다는 반증이기도 하다.

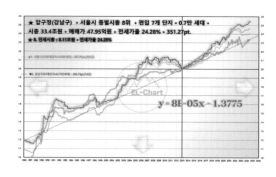
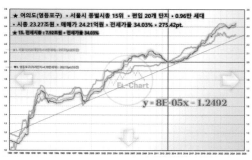

EL-Chart 내에 등록된 서울아파트 146개 동별 지수 중 서울아파트 평균과 동떨어진 특
이한 동의 지수 2개를 나열하였다. 좌측은 압구정동 지수로 7개 단지에 7천 세대로 구성된
작은 규모임에도 불구하고 평균 매매가가 47억 원에 달해 시가총액이 33조 원이라 8위를
차지할 정도로 초우량 지수이다. 버블세븐 때도 그랬듯이 이번에도 "조정은 무슨?" 하듯
달나라로 가고 있다.

우측은 여의도동 지수로 20개 단지에 1만 세대로 구성된 지수인데 대부분 재건축을 코 앞에 둔 초고령 아파트들로 구성되어 있다. 시총 23조 원의 15위권에 평균매매가도 24억 원이 넘어 초고가 지역이다. 최근 서울의 조정장에도 불구하고 요즘에는 오히려 더 폭등하는 모습을 볼 수 있다. 40~50년 차 재건축 단지들의 상승각도가 점점 가팔라지고 있어 앞으로 예상되는 서울아파트 2차 폭락장에서도 그들만의 리그를 펼칠지 궁금하다.

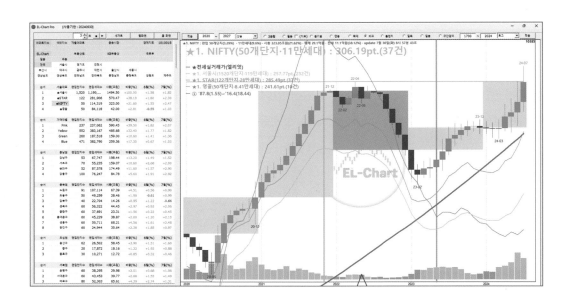

필자가 만든 지수 중 가장 강력한 상승세를 보이는 지수는 NIFTY-FIFTY 지수다. 그도 그럴 것이 서울시 아파트 중 40년간 시가총액 100위 안에 들었던 122개 아파트들로 구성된 STAR-100 지수 중에서 강남3구에 속하며 2013년 이후의 상승률이 높은 순으로 50개를 선정했으니 당연한 결과다. 11만 세대의 시가총액이 321 조 원에 달하고 평균 매매가도 29억 원에 달한다. 최근의 반등장에서도 월 종가가 직전 고점을 넘어설 정도로 폭등을 했으며 7월 현재도 사상최고치 돌파 행진을 지속하고 있다.

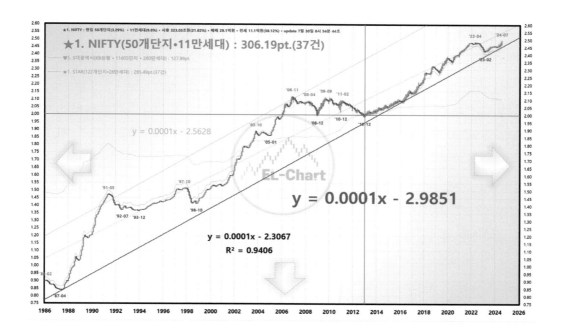

그런데 이러한 강력한 지수도 조심해야 할 부분이 있다. 바로 이번 챕터에서 강조하는 추세이탈이다. 최근의 강한 상승에도 불구하고 1991년 고점이나 2006년 고점에 비해 현재는 추세선과의 거리가 매우 가깝다. 즉 이번 상승이 아무리 강하게 보여도 과거 상승 1파와 3파에 비교하면 매우 약한 추세라는 것이다. 이는 마지막 5파의 특징으로 강남불패나 NIFTY 불패를 장담할 수 없다는 점을 상기할 필요가 있다는 뜻이다.

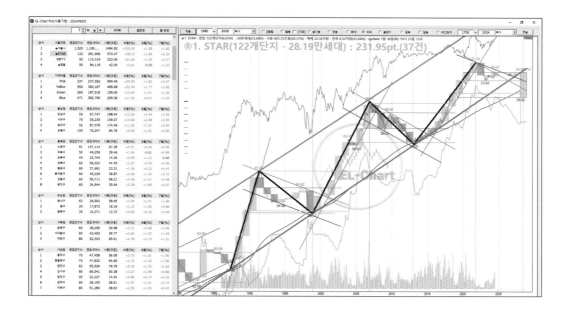

향후 가능한 시나리오에 대해 필자가 예상하는 바를 그래프로 설명하면 다음과 같다. 최악의 시나리오는 이미 살펴본 것처럼 실질지수 기준으로 2013년 가격까지 하락하는 경우이고 이번에는 그보다는 덜한 경우이나 이 또한 충격적인 예측치이다. 물론 시점과 지수가 한참 먼 이야기라 오차는 그만큼 클 수 있다는 점을 감안하고 봐주시기를 바란다.

현재는 1987년부터 시작된 그랜드 슈퍼사이클이 그 수명을 다하고 8년 조정장에 들어선 것임은 이미 3년 전의 저서에서도 주장해 왔던 터다. 그리고 상승파는 상승파끼리, 조정파는 조정파끼리 서로 비슷한 패턴을 보인다는 파동반복의 법칙과 파동균등의 법칙에 따라 이번 조정파도 과거 2차례의 조정파와 비슷한 궤적을 그릴 것으로 전제를 했다.

그래서 이번 조정파동의 시작 부분인 전고점의 2021년 10월에 1991년 조정 2파와 2006년 조정 4파의 기울기를 적용해 하락평행추세대를 그려 놓았다.

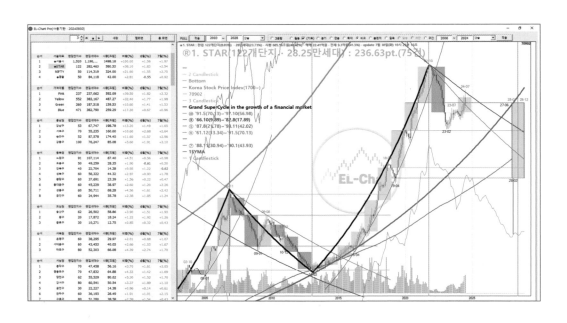

이를 확대해 산술차트에서 보면 추세대 저항선과 지지선이 지수함수이기 때문에 곡선으로 보이게 된다. 하락저항선 중 파란색 선을 따라 내려가다 가다 보면 가상의 평행추세대 하단과 2006년 고점 163pt. 조금 위에서 만나는 부분이 2028년 부근이 되는데 필자가 주장했던 부분과 대략적으로 겹친다.

그런데 필자가 예상하는 2028년의 저점에 도달하기 위해서는 1987년부터 1998년과 2013년 저점을 지지해 주며 올라오는 초장기 40년 추세선(분홍색)을 붕괴시켜야 한다.

데포르마숑은 창조적 파괴다. 34년간의 한 사이클이 끝나고 새로운 사이클이 시작되기 위해서는 기존의 틀이 파괴되어야 한다. 필자가 생각하는 41년 만의 새로운 기회다.

13

정부와 언론의 토끼몰이,
'공포 마케팅'과 '절판 마케팅'!

2023.12

베일 벗은 1.3 부동산대책,
전 정권 부동산규제 대거 완화

'둔촌주공을 위한 규제 완화 아니냐'는 비판의 목소리 나와

2021년 10월 상투를 친 서울아파트값이 노도강 지역을 시작으로 서서히 하락을 지속하다 강남권을 포함해 서울아파트 전 지역이 무너지며 폭락을 시작한 때는 현 대통령 취임 2개월 후인 2022년 7월부터다. 이후 연말을 넘어 해가 바뀌어도 폭락의 기세가 꺾이지 않자 정부는 "1.3 부동산 대책"을 내놓았다. 문재인 정부의 규제책을 거의 다 풀어버리는 파격적인 조치였다.

2023.12

'실거주 의무폐지',
대통령 및 정부가 발벗고 나서

둔촌주공을 위한 실거주의무 폐지인가, 야당의 견해차 벌어져

특히 단군 이래 최대 사업이라는 둔촌주공의 청약을 앞두고 부동산 시장 전체가 무너지는 것 아니냐는 공포가 퍼지자 대통령까지 둔촌주공 실거주의무 폐지를 요구하며 "둔촌일병 구하기"에 나섰다.

태영건설 사태, 재현될 수 있다…

'폭탄' 돌리는 부동산PF, 건설업계를 배회하는 '줄도산 공포'의 유령

이러한 정부의 노력으로 다행히 둔촌주공 분양은 성공적으로 마쳤으나 태영건설 워크아웃 이후에도 건설업계는 PF 사태의 줄도산 공포를 벗어나지 못했다. 필자의 짐작으로는 그래서 정부가 본격적으로 "서울아파트값 띄우기 작전"을 시작한 듯하다. 아파트값이 폭등하면 역전세난도 사라지고 미분양도 해결되며 따라서 건설사도 살고 PF 사태는 자연스럽게 해결될 것이라고 판단한 듯하다.

일단 정부는 부동산 시장에 돈을 풀기 시작했다. 특히 소득도 안 보고 대출한도도 5억까지, 특히 세금으로 이자차액보전까지 해주며 낮은 금리의 "특례"라는 40조 원이 풀리자 서울아파트는 2023년 봄부터 드라마틱한 반등을 시작했다. 물론 소득제한 없이 대출해 준 돈은 훗날 경매 사태가 벌어져도 아파트라는 "담보"가 있기 때문에 대출금 회수에는 문제가 없을 것이다.

2023.12

50년 만기 주담대,
6일새 '1조' 돌파

연령 제한 거의 없어, 막차 타려는 인원 늘어

여기에 더해 시중은행은 50년 만기라는 황당한 주담대를 출시하며 시장에 기름을 부었다. 50세에 대출받아 아파트를 구입하면 100살까지 갚아야 하는 대출상품인 것이다. 이에 대해 몇몇 부동산 전문가들은 어차피 아파트값이 오르면 10년 안에 팔고 갚을 수 있기 때문에 걱정 안 해도 된다고 하는데 왜 반대의 경우는 말해주지 않는 것일까?

2024.6

'벼락거지'는 피하고 픈 영끌족에
들썩이는 '노도강'

30대 생애최초 유입, 지역별, 상품별 차별화 양상 보여

정부에서 부양책을 내놓고 돈을 풀자 언론에는 무주택자를 자극하는 기사가 봇물처럼 보도되었다. "벼락 거지"라는 "공포 마케팅"이 시작이 된 것이다. 또다시 아파트 폭등장에서 낙오되기 싫은 영끌족들이 돌아오기 시작한 "FOMO" 현상이 나타났다.

'시행이 코앞인데'
일주일 앞두고 갑작스레 연기된 스트레스 DSR 2단계

경기 불황으로 인한 범정부 차원의 자영업자 지원 대책 논의에 따른 부동산 PF 사업성 평가 진행 영향

정부에서는 오래전부터 예정이 되었던 스트레스 DSR 2단계를 갑자기 2개월 연기한다는 발표를 했다. 그것도 은행권에서 다 준비하고 대기하고 있던 일주일 앞두고 소상공인들을 위한다는 명분을 내세워 전격 연기를 한 것이다.

역대 최대 증가한 주담대 7.6조

집값 상승 기대가 수요를 자극하여 5대 시중은행 잔액 560조 원에 육박

작년 초부터 "특례보금자리론"으로 반등했던 서울아파트값이 10월부터 재차 조정을 보이자 올해 초에는 "신생아특례론"으로 또다시 시장을 끌어 올렸고 그 효과가 떨어질 때가 가까워지자 이번에는 "절판 마케팅"을 시작한 것이다.

최대 19개월까지 밀린 3기 신도시
'사전청약' 또 다시 연기

올해 진행 예정이었던 13개 단지 본청약 연기 속출

이러한 정부의 절판 마케팅은 3기 신도시 등 사전청약이 대거 연기되며 또다시 무주택자들에게 불을 질렀다. 마치 지난번 급등기에 유행하던 "청무피사"라는 신조어가 떠오르는 순간이다.

2024.6

'있으나 마나' 청약통장에 패닉바잉할까

작년 목표 6만 가구 중 3185가구에 그친 공공분양, 국토부 액션플랜 없이 지켜보기만 해

정부가 추진하던 청약이 연기되고 민간 분양의 당첨이 어려워지자 그 수요가 기존 시장으로 더 몰리는 현상이 진행되어 분양가뿐만 아니라 기존 신축급 아파트값도 뛰기 시작했다. 패닉바잉 현상이 나타나고 있는 것이다.

2024.6

"전세계약 덜렁덜렁" 국토부 장관 '정제되지 않은 표현' 사과

국회 국토교통위 전세사기 피해 대책 청문회

전세사기 문제가 사회적 참사로 번지던 중 국토부 장관은 "청년들이 경험이 적어 덜렁덜렁 계약을 해서 문제였다"고 발언을 하여 비난을 산 적이 있다. 개인 간의 사적 계약이라고 하더라도 전세사기는 다른 사기 사건과는 분명 차이가 있다. 전세라는 "사회적 현상"을 뒷받침해 주는 국가의 관련 법이 존재했고 또 정부에서 보증을 해 주었기에, 영리 목적의 은행들은 위험에 따른 검증을 소홀히 했기에 사고 규모를 더 키운 측면이 있기 때문이다. 그런데 필자가 주안점을 두고 본 당시의 상황은 이 재료를 아파트 폭등의 기폭제로 삼을 수도 있겠다는 생각이었다. 빌라나 주택은 아파트의 보완재뿐만 아니라 대체제 성격도 있기 때문이다.

'빌라는 무서워요'
아파트 선호 심화로 아파트 전세량 급락

전년대비 23% 줄어든 빌라 전세거래, 반면 아파트 거래는 8% 증가했다

의도했든 의도하지 않았든 전세사기로 인한 빌라포비아 현상은 서울아파트값을 밀어 올리는 데 혁혁한 공헌을 하였다. 혹시 정부가 아파트값을 끌어올리고자 의도적으로 미온적인 대처뿐만 아니라 빌라포비아 현상을 더 조장하고 공포를 확대재생산시킨 것을 아닐까 의심하는 사람이 생길 만도 하다.

'임대차 2법 폐지'가
집값 급등의 해결책으로 짚은 대통령실

文정부 도입, 세입자 보호가 아닌 전셋값 올려 가격 상승의 원인이라는 일각의 지적

절판 마케팅보다 더 무서운 건 "취소 마케팅"이다. 대통령실은 문재인 정부 때 도입된 임대차 2법이 전셋값을 끌어 올린 주범이라며 폐지를 추진한다는 것이다.

전셋값과 임대차 2법의 상관관계?
정부가 폐지하려는 임대차 2법

왜 전셋값이 대폭 하락했던 지난 해에 폐지하지 않았나?

문재인 정부 당시 전셋값이 급등을 넘어 폭등세를 보이기 시작하자 법이 만들어진 것인데 임대차법이 전셋값을 끌어올렸다는 것은 전후가 바뀐 것이다. 그럼 법이 시행된 이후 서울아파트값의 폭락을 유발한 2022년 하반기의 전세폭락을 어떻게 설명할 것인가? 요즘 임대차법 폐지 기사가 나온 후 부동산 카페에서는 그동안 못 올렸던 4년 치 전세금을 올리겠다고 벼르는 임대인들 댓글이 많이 보인다. 정부는 임대차법 폐지로 전세가가 안정될 것이라는 데 임대인들은 법이 폐지되면 전세가를 잔뜩 올려서 매매가도 밀어 올리겠다고 벼르고 있고, 임차인들은 또 이사를 가야 하나 하는 걱정에 사형선고 날짜를 기다리는 심정이다. 왜 정부의 정책을 국민들이 반대로 해석하고 있을까?

1990.4

두 달 새 정부 주택정책 원망하며
15명이 생을 달리했다!

집없는 서민의 자살, 사회문제로 대두되어

당시의 그래프를 보면 임대차법이 아니었다면 전셋값은 상승 기울기가 2배는 더 되어, 1년에서 2년으로 연장했던 노태우 정부 시절 두 달 새 15명의 가족이 자살했던 것과 같은 사태가 이번에 또 벌어졌을지도 모를 일이다. 이미 큰 사회적 비용을 지불하고 안착한 지금 와서 법을 다시 폐지하여 큰 혼란이 온다면 오히려 더 큰 사회적 비용을 지불해야 할 것이다. 참고로 전셋값은 최근의 급등으로 2년 전 고점을 넘기려는 중이지만 지역에 따라서는 아직도 역전세가 진행되고 있으며 물가 상승률을 감안하면 전체적인 기울기는 안정적인 상태다.

2024.7

무순위 청약 1가구,
300만여 명이 신청

동탄 롯데캐슬, 청약 가능 인구 10%가 지원해

이 책의 원고를 마감할 즈음에 "로또 청약" 기사가 쏟아지고 있다. 1가구 모집에 300만 명이 몰렸다니 성인 인구 열 명 중 한 명은 복권을 산 것이다. 이러한 청약 관련 업무를 정부 기관에서 해주고 있으며 9시 뉴스 주요 보도로 다뤄질 만큼 모든 언론이 "광고"를 해준다. 이 정도 홍보 효과를 보고자 분양업체가 광고비를 지출하려 했다면 수백억 원이 들었을 텐데 주위의 분양 시장이나 기축 시장에도 마케팅 효과로는 최고다. 어쨌든 이러한 기사가 서울아파트뿐만 아니라 전국적인 수요를 만들어 내며 전반적인 부동산 시장을 끌어 올리는 데는 성공적이었다.

> 2019.10
>
> ## '전세거지' '월세거지' 멍 드는 초등생 가슴
>
> 아파트급을 나누고 전월세로 구분하여 놀리는 요즘 초등생

정부나 언론의 이러한 마케팅 외에도 일반인들 사이에서 벌어지는 "조롱 마케팅"이나 "혐오 마케팅"도 있다. 전거, 휴거, 엘사 등이다.

> 2023.5
>
> ## '휴거' '엘사' 등 교실까지 흘러들어간 혐오 표현, 그 시발점은?
>
> 브랜드명만 바꾸면 혐오 표현이 아니게 되나

기자의 표현대로 이런 신조어들이 정말 아이들 사이에서 생겨난 것이 아닌, 누군가 의도적으로 만들고 유통시켜 공공정책을 무력화하고 민간 아파트가 대부분인 다주택자들의 아파트값을 올리려는 목적이라고 의심을 하는 것도 무리는 아니다.

2030 생애 첫 아파트 매입,
영끌족이 부활한다!

전월셋값 급등으로 차라리 집을 사겠다는 청년들
신생아 특례대출 9억 이하 아파트 매수도 늘어

2024.7

그런데 정부의 부양책이나 정책자금 수혈에서 이상한 점은, 거의 모든 포커싱이 무주택자와 청년층에 집중되었다는 점이다. 철저하게 투자자 또는 투기 세력은 배제가 된 정말 실수요자들만을 배려했다. 언뜻 보기에는 정부 대책이 홀륭하고 착한 상황으로 보이지만 필자는 한발 물러서 조금 더 큰 시각으로 서울아파트 과거와 미래의 흐름에 이 상황을 대응시켜 보았다.

2024.7

주택 '초단타 매도' 안 한다,
집값 상승에 5년 내 최저

1년 이내 되판 비율 3.6% 가운데 서울, 2.4%로 전국에서 가장 낮아

아파트 매수자는 보통 구입 후 5년 이상 10년까지도 보유를 한다. 그러나 투자자나 투기 세력은 높은 양도세율에도 불구하고 이익이 발생하면 1년 미만에도 처분을 하고 손실이 커질 것 같으면 6개월 이내에도 손절매를 하기도 한다. 참고로 손절매 시에는 양도세가 면제(?)되어 거래 비용을 많이 줄일 수 있다. 그런데 지금은 구입 후 1년 이내 되판 비율이 전국 3.6%, 서울 2.4%로 "초단타 매도"가 5년 내 최저라며 아주 홀륭한 실거주 초보 매수자들이라고 칭찬을 한다.

만일 지금이 대세상승으로 돌아선 것이 아닌 대세하락 중의 일시적인 반등이라면, 그리고 정부나 언론, 건설사까지 포함된 "거대한 네트워크"인 부동산 카르텔이 이를 감지하고 있다면 이들은 투기 세력이나 투자자들을 끌어들이면 안 될 것이라고 판단했을 것이다. 투기자금으로 일시 올랐던 아파트값이 이들의 짧은 이익 실현 또는 손절매로 다시 붕괴될 수도 있기 때문이다. 주식 시장이 붕괴하는 과정에서도 신용이나 스탁론 등의 손절매나 반대매매가 매물을 더 불러내는 경우가 많다. 그러니 보유아파트가 많고 오랜 기간 고가에 팔려는 부동산 카르텔의 입장에서는 실수요자 특히 청년층이나 신혼부부 등 생애 첫 구입자들을 끌어 들여야 단기매매를 막고 손해가 났더라도 오랜 기간 매수한 아파트에 실거주하는, 말 그대로 파킹, 즉 매물잠김 현상을 기대할 수 있었을 것이다.

2024.7

윤 정부 부동산 정책,
기업 부채를 가계로 떠넘기는 것에 불과

전셋값 상승 이유 종부세와 임대차 3법에서 찾으면 안 돼···

정부가 생각하는 부동산 연착륙이란 청년 한 명이 5억을 손해 보는 것이 아니라 청년 5명이 1억씩 나누어 손해 보는 것이라고 필자는 생각한다. 청년 한 명이 1억씩 손해 보면 자산이 조금 줄어드는 정도라 체념하고 살아갈 수 있지만 만일 청년 한 명이 5억을 손해 보게 된다면 전 재산을 잃는 것뿐 아니라 감당하지 못하는 빚까지 지게 되어 사회적인 문제로까지 비화될 수 있기 때문이다.

현 정부의 부동산 정책은 기사처럼 기업 부채를 가계로 떠넘기는 수준을 넘어 다주택 투기 세력의 물량 처분을 위해 실수요 초보자들을 끌어들여 설거지하는 지경이다.

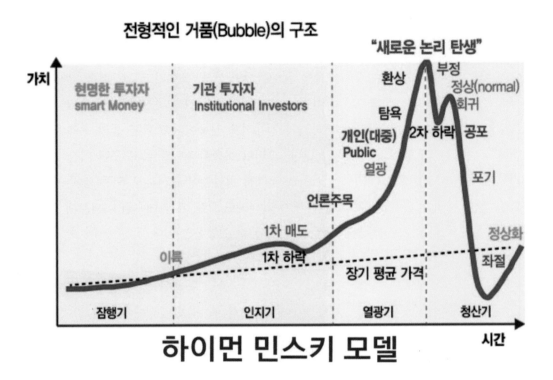

전형적인 거품(Bubble)의 구조

하이먼 민스키 모델

금융 시장에는 민스키 모멘트(Minsky Moment)라는 용어가 있다. 미국의 경제학자인 하이먼 민스키의 '금융 불안정성 가설(Financial Instability Hypothesis)'에 따른 것으로 2008년 리먼 사태 이후 큰 주목을 받았다. 민스키 모멘트란 과도한 부채로 인한 경기 호황이 끝나고, 채무자의 부채상환능력 악화로 건전한 자산까지 팔기 시작하면서 자산가치가 폭락하고 금융위기가 시작되는 시기를 의미한다.

민스키의 시나리오를 현재의 서울아파트 시장에 도입하면 과거 10년여 간의 서울아파트 폭등과 상투, 하락과 반등에 정확히 일치한다.

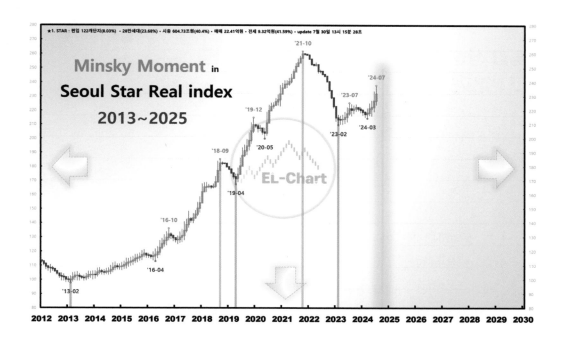

즉, 2013년부터 "잠행기(Stealth Phase)"를 거친 서울아파트 시장은 2017년부터 이륙(Take Off)을 하며 "인지기(Awareness Phase)"가 시작되었다. 정부의 9.13 대책으로 2018년 급락의 조정기(Bear Trap)를 보이기도 했으나 언론의 펌핑(Media Attention)으로 시장은 다시 "열광기(Mania Phase)"에 진입한다. 2020년 코로나와 금리인하로 열광(Enthusiasm)과 탐욕(Greed)을 넘어 환상(Delusin)에 취한 대중은 펀더멘탈을 훨씬 뛰어넘던 2021년 10월 상투까지 "새로운 논리(New Paradigm)"를 탄생시키며 폭등의 끈을 놓으려 하지 않았다.

그러나 2022년 역전세난이 몰고 온 서울아파트의 붕괴가 시작되자 현실을 부정(Denial)하기 시작하고 반등국면(Bull Trap)에 접어들자 또다시 대세상승의 희망고문(Return to Nomal)은 시작된다. 이처럼 자산 시장의 붕괴를 잘 설명하는 민스키 모델이 현재까지의 서울아파트 시장 흐름에도 거의 맞아떨어지고 있다.

그런데 만일 지금의 반등이 끝나고도 민스키 모델이 계속 작동을 하여 마지막 국면인 "청산기(Blow off Phase)"에 진입하게 된다면 공포(Fear) 단계를 넘어 포기(Capitulation)하고 절망(Despair)하게 되는 국면까지도 염두에 두어야 한다.

집값 상승 기대감에 불타오르는 가계대출, 그 범인은?

1.3 대책? 가산금리 인하와 소득 제한 없는 모기지 금융당국?
4050에 50년 만기 주담대 내준 은행? 한은?

작년 초, 붕괴하던 서울아파트값을 들어 올린 요인으로 "가계대출 방화범"이라는 기사에서는 5가지를 들고 있다. 1.3 대책의 정부와 창구지도 및 정책모기지의 금융당국, 50년 만기의 은행과 금리인하 기대감의 한은 등이다.

필자는 여기에 가장 중요한 요인이 하나 누락되었다고 생각한다. 이미 언급했던 국가기관의 통계조작이다. 2년간 특례보금자리론과 신생아특례대출 등이 출시되던 1월마다 부동산원은 "일월팀"의 통계조작으로 거꾸로 된 수치를 내놓았다. 만일 그 통계조작으로 마중물을 만들지 않았다면 서울아파트의 반등은 몇 달 더 늦어지거나 급등의 효과는 적었을 것이다.

시장에 영향을 미치는 "부동산 가격 부상의 거대 네트워크"

도시문제 2018년 12월 기고된 변창흠 국토교통부 장관 내정자 기고문

어쨌든 변창흠 국토부 장관 내정자 시절 보도되었던 "부동산 가격을 띄우는 거대한 부동산 네트워크"는 정부와 언론의 '공포 마케팅'과 '절판 마케팅'을 이용한 대국민 토끼몰이에 성공적인 효과를 내고 있다. 그러나 훗날 인위적인 마케팅의 역효과에 따를 후유증도 생각해 봐야 한다. 토끼는 막다른 골목에 다다라서야 뒤늦게 자신이 토끼몰이를 당했다는 것을 알아차릴 수 있기 때문이다.

14

한은특융과 깡통정리, '최경환 시즌2'가 아닌 이유!

가계부실 부추기는
'빚 내어 내집 마련'

2014.6

가계부채 1000조 넘는데 투기 조장? 부동산 규제 풀겠다는 최경환 부총리 내정자

버블세븐이 폭발하며 서울아파트값이 6년간 폭락세를 거친 후 바닥을 치고 서서히 상승하던 2014년, 최경환 경제부총리 내정자는 부동산 규제를 풀겠다는 의사를 시사해 큰 논란이 일었다. 이른바 "빚내서 집 사라"는 것이었다. 인위적인 부양책이 결과적으로는 서울아파트의 9년 연속 상승장을 이끌었으니 성공적이었고 당시 대출을 받아 아파트를 구입했던 필자도 투자 원금 대비 500% 넘는 수익을 챙겼으니 어찌 보면 경제부총리의 정책으로 혜택을 본 셈이다.

　　최근에도 정부는 특례보금자리론과 신생아특례론 등 수십조 원의 정책자금을 풀며 또다시 '빚내서 집 사라'는 정책으로 서울아파트 부양에 나서고 있다. 그러나 필자는 이번의 대출 정책이 10년 전 부동산 폭등 초기의 "최경환 시즌2"가 아님을 논해보고자 한다. 오히려 당시에 비해 매우 위험한 상황임을 경고하고자 함이다.

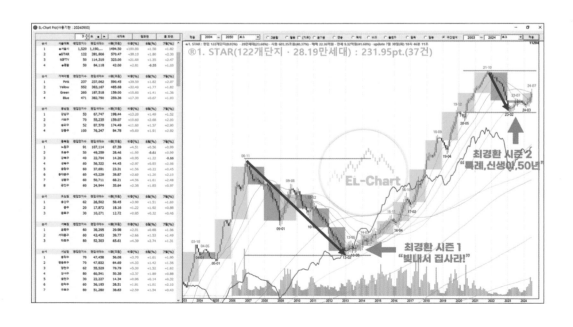

일단 버블세븐 전후부터 현재까지의 서울아파트 시가총액 상위 100개 단지의 실질 STAR 지수에 2014년의 "최경환 시즌1"과 최근의 "최경환 시즌2"를 표시하였다. 장기간의 차트를 비교함에 있어 명목지수 대신 소비자물가지수를 반영한 실질지수를 사용해야 하는 이유는 서로 다른 기간이나 지역의 금리와 물가 등을 동시에 감안해야 하기 때문이다.

우선 두 기간의 대출 정책에 가장 큰 차이점은 시기의 문제다. 2014년 당시는 이미 서울 아파트가 6년간 폭락을 한 이후 바닥권에서 1년여 정도 지난 시점이었지만 현시점은 9년 간 폭등했던 서울아파트값이 불과 1년, 강남 아파트 기준으로는 채 6개월도 안 된 시점이 라는 것이다. 누구나 투자 판단을 잘못해 손실을 볼 수 있으나 그 시점이 충분히 오래, 많 이 떨어진 후라면 이후의 손실폭이나 기간을 감내할 수 있지만 이제 막, 조금밖에 안 떨어 진 시점에 진입을 한 후라면 전혀 다른 이야기가 된다. 즉, 정부의 부동산 부양책으로 내 놓은 여러 대책 중 이번 대출 정책은 그 시기가 매우 위험하다는 의미다.

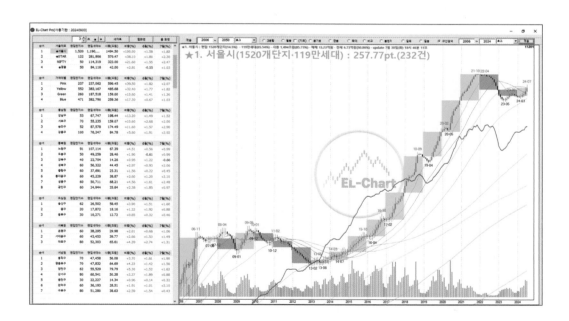

폭락하던 서울아파트값을 돌려세운 동력은 작년에 집행된 특례보금자리론이 전적이었 음을 보여주는 지표를 한가지 보여주겠다. 위 차트는 2006년 이후의 서울아파트 월간 차 트다.

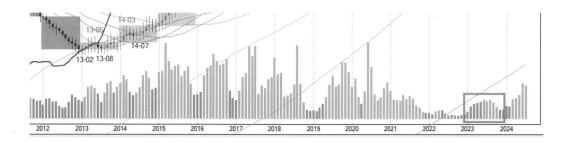

여기서 매매 거래 건수를 표시한 막대그래프만 따로 확대하여 최근의 막대 흐름과 그동안의 전체 막대 흐름을 비교하면 작년 1년간의 막대그래프에서 신기한 현상을 발견할 수 있다. 과거에는 매월 막대그래프 높낮이가 들쭉날쭉 제각각이었다면 특례보금자리론이 출시된 1월 말부터의 1년간 막대그래프는 아주 질서정연한 모습이다.

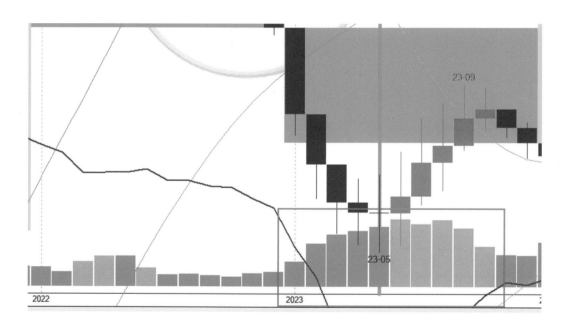

즉, 1월 말 대출이 실시되며 거래량은 점진적으로 증가를 했고 결국 하락하던 서울아파트값도 필자의 그래프로는 5월에 저점을 찍은 후 반등세로 돌아섰다. 이후 자금이 다 고갈될 즈음인 10월 단기상투를 찍고 이후 올해 초까지 재차 조정에 들어갔다. 여기서 신기한 점은 거래 건수의 증가나 감소가 누가 통제라도 하듯 균일한 증감을 했다는 것이다. 과거 사례에서 보았듯이 시장 상황에 따라 불특정 다수가 매수와 매도를 진행하기 때문에 서울아파트 시장 역사에서 월별로 이런 무덤 형태의 거래 건수 형태가 단 한 번도 없었다. 즉, 월별 대출 진행 상황에 맞추어 질서 정연한 거래 증감이 생긴 것이라고 봐야 한다.

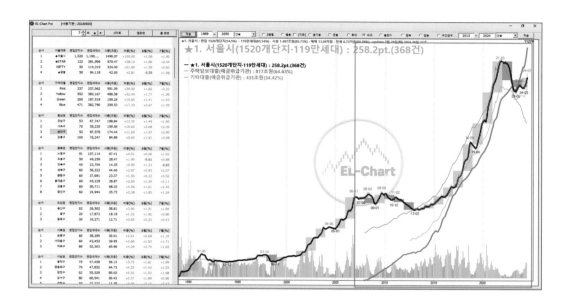

또 한 가지 특징은 이번 반등과 조정 그리고 재반등이 철저하게 대출금 증감에 따라 그 변곡점과 등락을 보이고 있다는 것이다. 위 차트는 서울아파트와 가계대출의 관계를 도식화한 차트로 예금취급기관의 가계대출(핑크)을 구성하는 주택담보대출(붉은색)과 기타 대출(녹색) 2가지로 구분하였다.

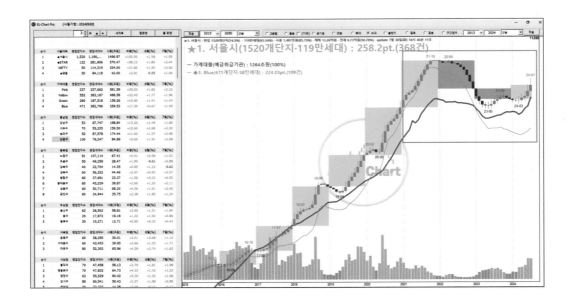

　여기서 신기한 현상을 목격할 수 있는데 최근 2년간의 서울아파트 등락과 연동되는 대출이 주택담보대출이 아닌 전체 가계대출이라는 점이다. 언뜻 생각하면 주택이 오르는 데는 주택담보대출이 그 방향성을 결정할 것으로 생각되었으나 실제는 전혀 그렇지가 않고 기타 대출이 더 많은 영향을 미치고 있다는 것이다.

　확대차트를 보면 2021년 상투 당시 주택담보대출은 그 전부터 꾸준히 증가하고 있었고 이후에도 계속 증가하고 있으나 서울아파트값은 대폭락을 했다. 원인은 신용대출이 대부분인 기타 대출 때문이었다. 주택담보대출이 증가하고 있음에도 불구하고 고금리에 따른 신용대출 상환이 급증하자 이를 합한 가계대출은 감소하기 시작했고 서울아파트의 하락세를 이끌었던 것이다. 즉, 이번 상승장의 후반부에 영끌이 얼마나 심했었는지 단적으로 보여주는 자료이다.

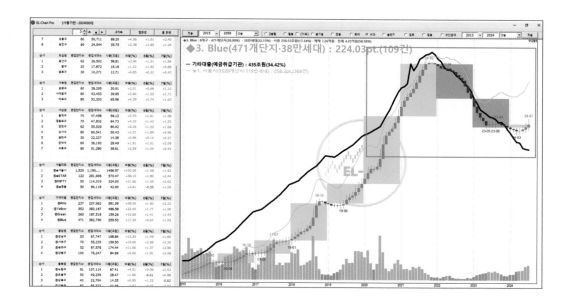

이러한 분석으로 이번 서울아파트 반등장에서 왜 노도강 지역은 소외가 되었고 오히려 추가 하락했으며 1년이 지난 지금에야 반등에 동참하고 있는지 쉽게 추측이 된다. 노도강 지역 등 8개 구의 저가 아파트 471개 단지로 구성된 블루존 지수에 기타 대출 그래프를 겹쳐보면 완전하게 겹치는 것을 볼 수 있다.

즉, 대출 중에서도 기타 대출을 이용한 영끌 현상이 중저가 아파트가 많은 노도강 지역에 집중이 되었고 미국의 급격한 금리 인상 여파로 한계 상황에 처한 영끌러들이 손실을 보며 아파트 투매를 했기 때문으로 분석이 된다. 12.16 대책 이후 대출이 불가능했던 15억 이상 고가 아파트가 대부분인 강남권에 비해 9억 이하 아파트가 대부분이라 대출 제한이 없던 노도강 지역이 과도한 대출 문제로 먼저 하락을 시작했고 폭락을 주도했으며 반등장에서도 지속적인 하락을 보인 것이다. 물론 이제 그 투매도 거의 끝났고 바닥을 다진 지 오래되었으니 먼저 오른 강남권 아파트와의 격차를 줄이는 반등이 시작된 것으로 보인다.

시가발행 할인율 30%,
무제한 주식매입 지원하는 한은특융

증권시장 안정화 대책 발표한 이규성 재무부장관

이번 보금자리특례론이나 신생아특례대출 등에는 "특례"라는 접두어가 붙어 있다. 정상적이지 않다는 의미다. 어떤 상황에 따라 불가피하면 정상에서 벗어난 특별한 정책이 필요하다. 그런데 과거에도 특례대출이 있었는데 그 후유증으로 심한 몸살을 앓았던 적이 있다. 1989년 말 주식 시장에서 있었던 일인데 부동산 시장보다 2년 빠른 1985년 9월 145pt.에서 폭등을 시작한 KOSPI는 4년 후인 1989년 4월 1,015pt.에 다다르는 폭등세를 보였다. 이후 폭락으로 돌아선 증시가 당시 중요한 지지선으로 여겨졌던 네크라인(840pt.)을 위협하자 재무부장관은 "한은특융, 무제한 주식매입"을 지시했다. 폭등세로 돌아선 증시는 당일 전 종목이 상한가에 들어가기도 했다. 즉, 무너지는 증시를 떠받치기 위해 돈을 찍어 증시를 부양하겠다는 정상적이지 않는 그야말로 특별한 대출이었던 것이다.

980억, 깡통계좌였다…

전경 2대 중대 투입하여 거래소 포위, 새벽 2시 기습했다!

그러나 그 결과는 참혹했다. 정부의 대책으로 반등에 성공한 후 다시 대세상승으로 돌아서나 했던 증시는 결국 무너지고 말았고 그 후유증은 1년 후 새벽 2시에 전경 2개 중대가 여의도 증권거래소를 포위하고 반대매매를 실행시킨 "깡통정리"라는 증권 역사상 최악의 사건으로 남아있다.

2022년 영끌족,
2012년 하우스푸어와 닮았지만 다르다!

DSR규제, 화두에 올라

이번 특례보금자리론에 대한 필자의 걱정이 기우에 불과할 수도 있다. 그러나 필자의 3년 전 예측대로 2021년 서울아파트는 대세하락으로 들어섰고 2028년까지 3-5년의 조정 기간이 남아있기 때문에 최근의 반등은 일시적인 것이고 2025년부터 3년 넘는 대폭락이 다시 진행된다면 그 후유증은 상상하기도 싫다. IMF로 통칭되는 조정 2파의 끝인 1998년과 버블세븐과 저축은행 PF 사태로 인한 조정 4파의 끝인 2012년 당시 경매와 깡통전세, 하우스푸어 등으로 수많은 사람들이 생을 포기했던 경험이 있지 않은가….

15

'쌍봉의 추억',
시간차 공격의 '버블세븐 시즌2'

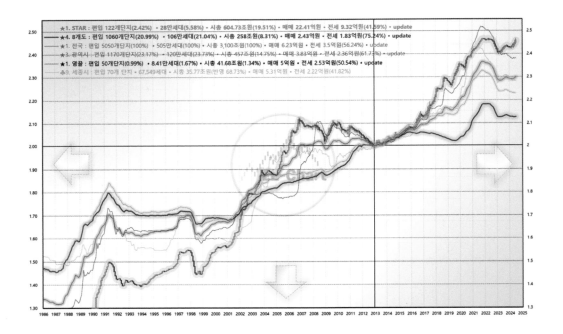

　1986년 이후 전국 아파트 주요 지수를 2013년 1월을 기준지수 100으로 하여 로그차트로 수익률을 비교해 보면 지역별로 큰 등락 차이가 있음을 발견하게 된다. 이 중에서도 서울 25개 구만 따로 나누어서 봐도 또 나름대로 수익률 격차가 크고 특히 강남권과 노도강 지역의 변곡점이 서로 다른 것도 알 수 있다.

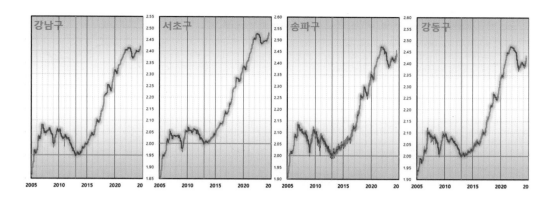

최근 강남권 아파트 반등세가 두드러지는데 그중에서도 강남구와 서초구는 전고점을 돌파하며 시장을 주도하고 있다. 그런데 비슷한 경우가 15년 전인 버블세븐 이후에서도 찾아볼 수 있다. 경험이 많은 전문가 중에서는 현재의 반등세가 2009년과 비슷하다고 하는데 그래프에서도 이는 확인이 된다.

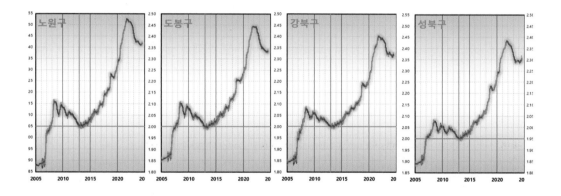

그런데 노도강 등 동북권 아파트의 흐름은 2009년 전후와 완전 딴판이다. 15년 전에는 강남·북을 불문하고 2008년 이후 조정과 반등을 동시에 했는데 이번에는 강남권 등 고가의 신축 아파트에서만 이런 현상이 나타나고 강북권 저가 아파트들은 최근 반등 한번 없이 2년 넘게 계속해서 하락만 하다가 이제 와서 두세 달 반등하는 모습이다.

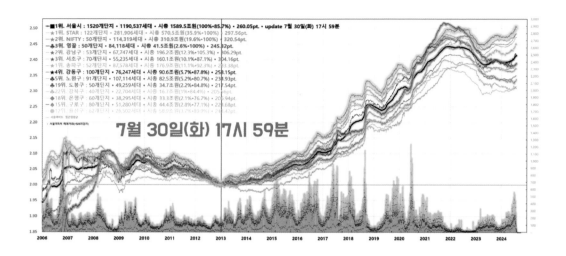

이를 좀 더 세밀한 자료로 한 차트에서 확인해 보면 15년 전과 현재의 흐름이 얼마나 다른 지 알 수 있다. 위 차트는 2006년 실거래가 신고가 시작된 이후의 강남3구와 노도강 등 주요 지수의 최장기 실거래가 일간차트다.

최근의 흐름에서는 강남권의 강한 반등세와 노도강의 초약세 흐름을 볼 수가 있는 반면 15년 전의 고점에서는 등락의 방향도 정반대였고 고점의 시점도 달랐다.

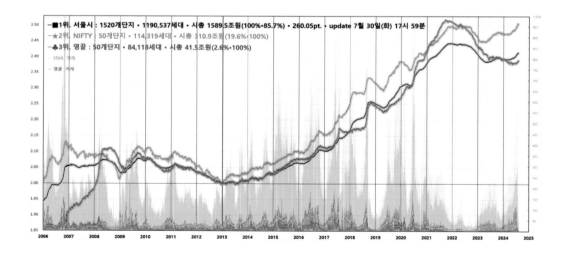

차트를 단순화해서 보면 이를 극명하게 알 수 있는데 1,520개 단지의 서울아파트 종합지수 외에 2013년 이후 강남3구에서 시가총액이 크고 상승률이 가장 높았던 50개 단지의 NIFTY지수(핑크색)와 노도강에서 시가총액이 크고 상승률이 가장 높았던 50개 단지의 영끌지수(파란색) 3가지만 차트에 표시하였다. 지금보다 15년 전의 등락 상황이 훨씬 더 차별화가 심했는데 아마도 당시는 가장 강했던 3파에 대한 조정파 성격이었다면 이번에는 그보다 덜 강했던 5파가 종료된 이후라 그럴 것이라는 추정을 해본다.

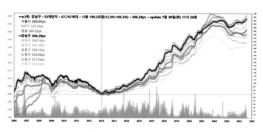
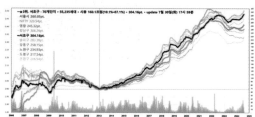

2006년 이후의 주요 일간실거래가지수를 비교지수와 함께 나열해 보면 위와 같은데 2006년 이후 강남구는 반등 시 전고점을 못 넘었던 반면 서초구는 강하게 넘었다가 이후에도 한참 후에나 조정을 보였음을 알 후 있다. 그러나 최근의 반등장에서는 두 지역 모두 전고점을 넘은 상태지만 당시에 비해서는 그 등락폭과 기간이 작다.

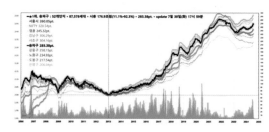
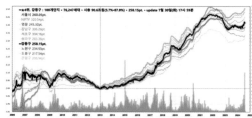

당시 송파구도 전고점을 못 넘었고 고점 회복률도 가장 약했었는데 이번에도 하락의 65% 정도 되돌리는 수준으로 당시와 상당히 비슷한 현상이다.

　필자는 이번에 반등하는 모습이 버블세븐의 반복이라고 생각한다. 그런데 버블세븐에 포함되지는 않았지만 강동구도 당시 매우 강한 반발력을 보여주었는데 당시의 목동 아파트 역할을 현재는 강동구가 하고 있다고 생각한다. 현재는 신축 위주의 반등세라 그러한 현상이 진행 중인 듯하다.

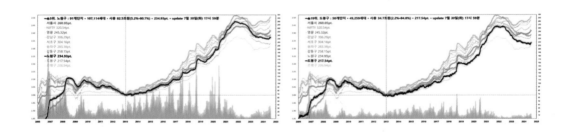

　반면 노원구와 도봉구를 15년 전과 비교해 보면 이번 반등장에서 완전히 탈락하였고 오히려 낙폭을 더 키운 흐름이 목격된다. 이러한 현상 때문에 15년 전에는 서울아파트 종합지수가 쌍봉을 만들고 오히려 반등 시의 우측 고점이 더 높았었는데 이번에는 압축적인 차별화 반등장이라 서울아파트 지수가 쌍봉은커녕 하락폭의 절반 정도 반등에 그치고 있다. 그리고 이번 반등이 15년 전보다 약한 이유는 당시는 8년 상승에 대한 조정이라 반등도 컸던 반면 이번은 34년 상승에 대한 조정으로 반등도 약할 수밖에 없다고 생각된다.

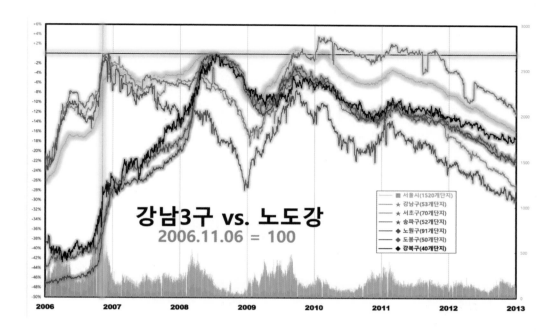

위 차트는 2006년 11월 첫 번째 고점이 나타난 시점을 기준으로 작성된 일간 시가총액 차트다. 당시에는 2009년 반등이 전방위적으로 나타났었기에 서울아파트 지수가 전고점을 넘은 모습을 볼 수 있다. 또한 리먼 사태로 폭락하던 2008년에도 서초구는 조정폭이 제일 작았으며 반등 시에도 버블세븐 중 유일하게 전고점을 넘었었다.

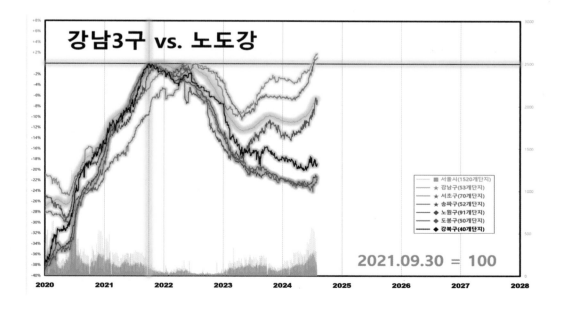

최근의 상황을 15년 전과 비교해 보고자 2021년의 전고점을 기준지수 100으로 하여 동일한 지역의 일간실거래가지수를 표기하였다. 전고점을 넘은 강남구와 서초구, 하락폭의 65% 정도를 회복한 송파구와 지속적으로 하락만 하다 최근 들어 반등세가 보이는 노원구와 도봉구 흐름을 볼 수 있다. 만일 이번에도 버블세븐 이후의 흐름이 반복된다면 서울아파트의 반등세도 조만간 마감될 가능성이 있다는 것이다.

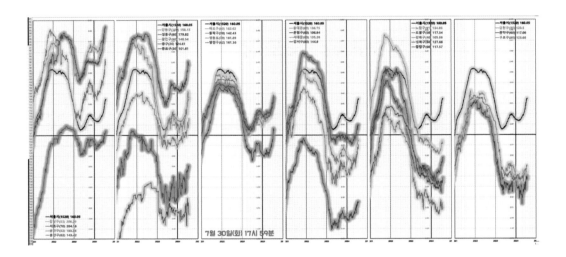

위 차트는 2013년 1월을 기준지수 100으로 한 2020년 이후의 서울 25개 구의 실거래가 일간 로그차트다. 9년 전의 저점부터 이어져 온 흐름을 비교하기 위해 4개 가격대별로 구분하여 나열한 것이다. 이를 각각의 개별 지역으로 구분해 아래 나열했다.

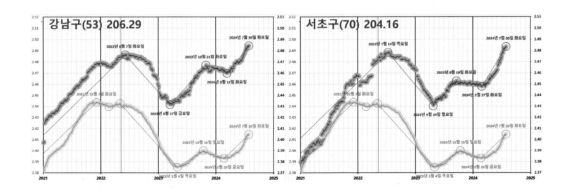

지금까지 본 지수들의 일간 흐름을 서울아파트(붉은색)를 기준지수로 하고 각 지역지수(파란색)를 비교해 보면 변곡점의 날짜를 확인할 수 있다. 7월 계약의 신고 기한이 아직 1개월 남은 7월 말 현재 강남구와 서초구는 이미 전고점을 넘는 초강세를 보여주고 있다.

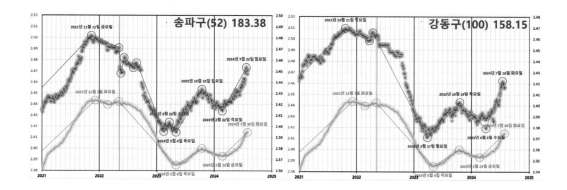

강남3구 중 강남구와 서초구가 같은 흐름을 보이고 있었다면 송파구는 이들과는 달리 움직였는데 강동구가 거의 비슷한 흐름을 보였다. 2개 구 중 반등은 송파구가 좀 더 강했고 강동구도 하락의 절반 이상 회복하고 있다.

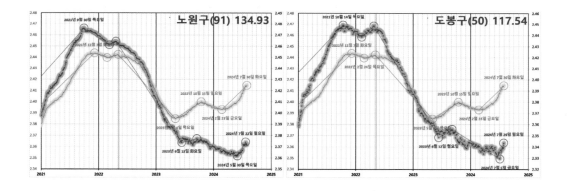

노원구와 도봉구는 서울 25개 구 중 가장 약한 흐름을 보이고 있는데 코로나 이후의 폭등장에서 가장 많이 올랐던 후유증으로 보인다.

2006년 고점		2013 저점		2021 고점		2023 저점	
서초구	2006-11-06	서대문구	2012-10-09	마포구	2021-09-28	강남구	2023-03-17
양천구	2006-11-23	송파구	2012-12-20	노원구	2021-09-30	강동구	2023-03-27
강남구	2006-12-05	강남구	2013-01-03	강북구	2021-10-02	은평구	2023-04-02
송파구	2006-12-07	서울시	2013-01-08	중구	2021-10-05	서초구	2023-04-24
강동구	2006-12-20	마포구	2013-01-08	성북구	2021-10-10	마포구	2023-05-01
광진구	2007-03-06	강동구	2013-01-11	도봉구	2021-10-14	송파구	2023-05-04
중구	2007-05-21	서초구	2013-01-13	동대문구	2021-10-19	서울시	2023-05-04
용산구	2007-12-25	성북구	2013-01-23	강동구	2021-10-21	성동구	2023-05-25
마포구	2008-05-03	강서구	2013-02-16	금천구	2021-10-22	영등포구	2023-06-06
서울시	2008-05-07	구로구	2013-02-17	강서구	2021-11-08	용산구	2023-06-10
동작구	2008-06-05	금천구	2013-03-18	은평구	2021-11-10	광진구	2023-06-21
성동구	2008-06-15	동작구	2013-03-25	송파구	2021-11-12	서대문구	2023-06-23
영등포구	2008-07-02	성동구	2013-04-10	서대문구	2021-11-19	양천구	2023-06-27
노원구	2008-07-08	중랑구	2013-06-15	양천구	2021-11-25	동작구	2023-07-04
중랑구	2008-07-08	노원구	2013-07-05	동작구	2021-11-26	중구	2023-07-15
은평구	2008-07-10	도봉구	2013-07-05	서울시	2021-12-07	성북구	2024-03-10
강북구	2008-07-16	관악구	2013-07-23	관악구	2021-12-20	동대문구	2024-03-26
도봉구	2008-07-22	강북구	2013-08-09	중랑구	2022-01-08	강서구	2024-03-29
관악구	2008-07-24	양천구	2013-08-20	구로구	2022-01-08	금천구	2024-04-10
구로구	2008-07-28	중구	2013-08-23	광진구	2022-04-10	관악구	2024-04-28
금천구	2008-08-08	은평구	2013-08-25	영등포구	2022-05-13	강북구	2024-05-08
동대문구	2008-08-19	광진구	2013-08-30	성동구	2022-06-05	중랑구	2024-05-18
종로구	2008-08-22	동대문구	2013-08-31	강남구	2022-06-07	구로구	2024-05-20
강서구	2008-08-22	영등포구	2014-02-01	서초구	2022-07-14	노원구	2024-05-30
서대문구	2008-08-30	종로구	2014-02-17	용산구	2022-08-12	종로구	2024-06-16
성북구	2008-09-01	용산구	2014-07-30	종로구	2022-09-01	도봉구	2024-07-05

위에 보이는 표는 2006년 이후의 고점과 2013년 이후의 저점, 2021년 이후의 고점과 최근의 저점을 25개 구별로 일간 시가총액 기준으로 날짜를 파악해 나열한 것이다. 2006년 이후의 고점은 지역별 편차가 매우 심했는데 가장 먼저 고점을 친 서초구와 가장 늦게 고점을 친 성북구와는 1년 10개월의 시차가 존재한다. 그러나 강남4구는 공통적으로 2006년 12월에 고점이 몰려 있고 노도강 지역은 2008년 7월에 몰려 있다. 그리고 2013년 저점도 지역별로 몰려 있는데 1월에 먼저 강남4구가 저점을 찍었고 노도강 지역은 이보다 7개월 정도 늦은 7월 이후였다.

15년 전과는 정반대로 이번의 고점은 노도강 지역이 먼저 기록했는데 2021년 9월 전후에 나타났고 강남구와 서초구는 이보다 9개월 정도 후에 고점이 나타났다. 특이한 점은 송파구와 강동구가 강남구나 서초구가 아닌 노도강 지역과 거의 동시에 먼저 고점을 기록했다는 것이다. 그러나 최근의 저점은 강남4구가 먼저 동시에 기록했고 노도강 지역은 1년이 훨씬 늦은 최근에야 저점을 기록하고 있다. 신기한 것은 2006년 송파구 상투가 12월 7일이었는데 이번 서울시 상투도 같은 날이라는 것이다.

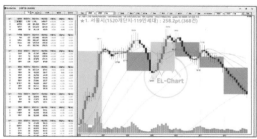 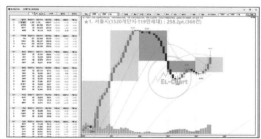

그럼 마지막으로 이번 챕터의 주제인 15년 전의 쌍봉과 현재의 반등패턴을 비교해 보자. 좌측은 2006년부터 2011년까지 6년간의 서울아파트 실거래가 종합 지수이고 우측은 2020년 이후 2025년까지 5년간의 동일한 지수이다. 15년 전 당시에는 지역별 편차가 심했었기 때문에 다중고점이 나타났던 관계로 현재의 차트와 비교하기에는 무리가 있어 보인다. 이런 한계는 지역별로 세분해서 비교해 본다면 어느 정도 보완이 될 것 같다.

 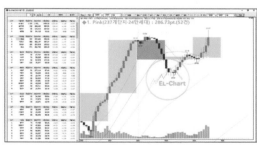

우선 15억 이상의 4개 구로 구성된 Pink-Zone 지수를 보면 2년간 깊은 조정을 거쳤던 당시에 비해 1년 정도의 짧은 조정을 거친 현재의 그래프가 전고점 돌파하는 수준까지 올

라와 있음을 알 수 있다.

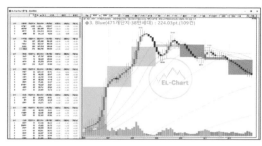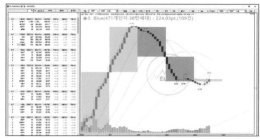

　반면 7억 미만의 8개 구로 구성된 Blue-Zone 지수를 보면 당시에는 급등락을 반복하며 고점이 여러 개 나타났던 반면 이번에는 반등도 거의 없는 매끈한 하락을 했다. 최근에야 반등을 시도하고는 있지만 15년과 비교해서 너무 다른 흐름을 보이고 있어 별 시사성은 없어 보인다.

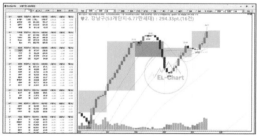

　좀 더 세분해서 강남구만 보면 최근의 상승이 더 강해 전고점을 넘고 있는데 이유는 조정의 기간과 폭이 당시와 많이 다르기 때문으로 보인다.

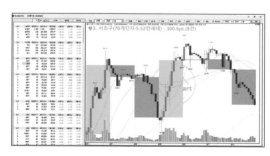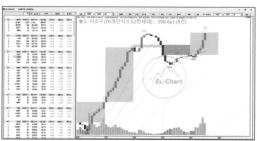

버블세븐 당시 가장 강했던 지수가 서초구였다. 리먼 사태 직후의 반등도 가장 강해 전고점을 강하게 돌파했으며 이후 고점 상황을 오래 유지했으며 추가 하락도 가장 작았었다. 그리고 이번에도 전고점을 넘기며 가장 강한 흐름을 지속하고 있다.

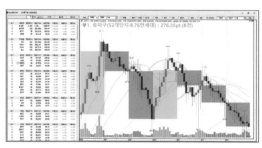 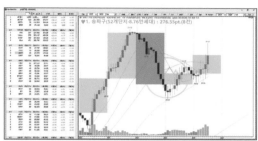

송파구는 이번 조정장에서 가장 큰 폭락세를 보였는데 15년 전 당시에도 강남3구 중 가장 많이 하락했었고 반등도 상대적으로 작아 쌍봉 형태까지 발전하지는 않았었다. 이번에도 전고점을 넘고 있는 두 지역에 비해 회복력이 65% 정도에 불과해 쌍봉의 형태까지는 요원한 상태다.

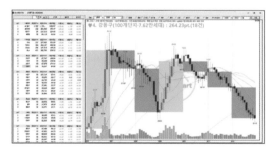 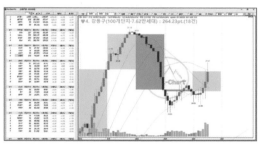

버블세븐 지역에는 포함되지 않았었지만 당시 강동구도 강남3구 지역과 거의 같은 흐름을 보였었다. 그러나 당시 쌍봉 단계까지 발전했던 반등에 비해 이번 반등은 신축 몇 개 단지에 국한된 한계로 강동구 전체적으로는 하락의 절반 정도 회복하는 데 그치고 있다.

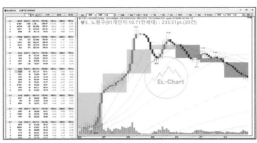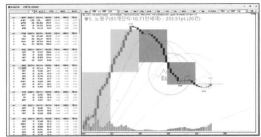

버블세븐 아파트들이 큰 조정을 보이던 당시 가장 강한 흐름을 보였던 노원구 지수는 당시와 현재의 차트가 전혀 달라 과거에서 유추해 현재에 적용할 정보가 거의 없다. 단지 최근 반등을 시작했기에 강남권에 비해 얼마나 낙폭을 줄일지 두고 볼 일이다.

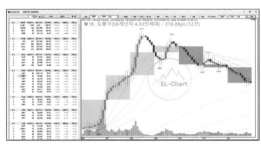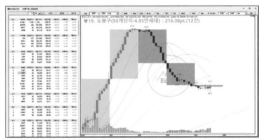

노원구가 반등을 시작했음에도 불구하고 도봉구는 7월 말, 오늘이 최저가다. 아직 반등의 기미조차 보이지 않는데 최근의 노원구 반등 정도에 따라 이를 따라가는 정도만 기대할 수 있을 듯하다.

이상 서울아파트 전체 지수와 섹터별 지수, 개별 지역까지 살펴본 결과 현재의 반등은 15년 전인 2009년의 반등에 비해 약한 모습을 확인할 수 있었다. 당시에는 지역을 불문하고 서울아파트 전체가 반등을 했다면 지금은 특정 지역과 특정 단지들로만 반등을 지속하고 있기에 전체 지수가 반등하는 데는 한계가 있어 보인다.

그런데 지금 강한 흐름을 보이고 있는 지역과 단지들이 그 상승을 멈추고 재차 조정에 들어갔을 때 그동안 소외받았던 나머지 지역이나 단지들이 그 갭을 메우고 상승할 수 있느냐다. 필자의 생각으로는 쉽지 않다. 오히려 못 올랐던 지역이 더 하락할 가능성이 크다. 그렇다면 이번 반등 B파가 마감된 후에는 재차 하락 C파가 시작될 것이라고 판단하는 것이 합리적이고 위험을 피할 수 있을 듯하다. 기회는 준비하는 자의 것이다.

16

Again 2009,
15년 전의 '3년 이평선과 다이버전스'

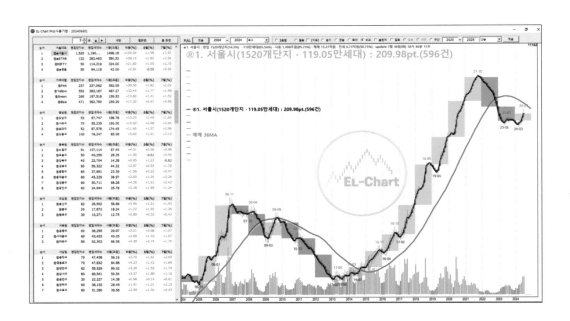

필자는 이 책에서 일관되게 엘리어트 파동 이론 측면에서 현재의 상승이 반등파라는 주장을 해오고 있다. 특히 현재 2009년 흐름을 거의 따라가고 있으며 이번 반등이 끝나면 큰 폭의 하락이 진행될 것도 전망하고 있다. 여러 근거 중 하나는 명목지수가 아닌 실거래가 시가총액 실질지수에서의 36개월 이평선 패턴이다. 36개월은 주식 시장의 장기 흐름을 파악할 때 주요하게 사용되기도 한다.

위 차트에서 보듯 서울아파트 실질지수의 2009년도 반등 부분을 보면 당시 명목지수가 전고점을 넘는 강한 반등세에도 불구하고 실질지수로 변환된 차트에서는 36개월 이평선의 저항에 부딪힌 후 대폭락을 겪었다. 이미 언급했듯이 이번 반등은 일부 지역과 신축 단지가 주도하는 약한 반등이라 전체 지수로는 아직 36개월 이평선까지도 못 간 상태다.

"36개월 이평선 이론"은 증권 시장에서 과거 우리나라의 펀드가 주로 3년 만기였기 때문에 주요 지수가 36개월에 연동되어 움직였던 통계를 기초해 필자가 개발해 사용 중인 것으로 2021년 6월 25일 3,316pt. 상투에서 폭락한 KOSPI가 최근 2년여 강한 반등을 했지만 이 이론을 근거로 필자가 운영하는 투자 클럽에서는 대세상승이 아닌 반등장임을 주장해 왔다.

서울아파트 종합 지수보다 더 강한 흐름을 보였던 시가총액 상위 122개 단지의 STAR 지수는 최근 36개월선까지 거의 돌파한 상태다. 물론 명목지수로는 36개월선과 상관없이 이미 전고점까지 다다른 강한 흐름을 보이고 있다. 그러나 2009년 말처럼 이번에도 몇 차 례 36개월선을 중심으로 등락을 보이기도 하겠지만 크게 벗어나진 못하고 결국 재차 하락 으로 돌아설 가능성이 높다고 생각한다.

STAR 지수 중에서도 제일 강한 흐름을 보였던 강남3구의 50개 단지로 구성된 NIFTY 지수는 7월 현재 36개월선을 돌파한 상태로 2009년에도 36개월선을 여러 차례 돌파하는 모습을 보였다. 그러나 돌파 이후 몇 개월 버티지 못하고 다시 하회했던 모습이 이번에도 반복될 가능성이 있어 보인다.

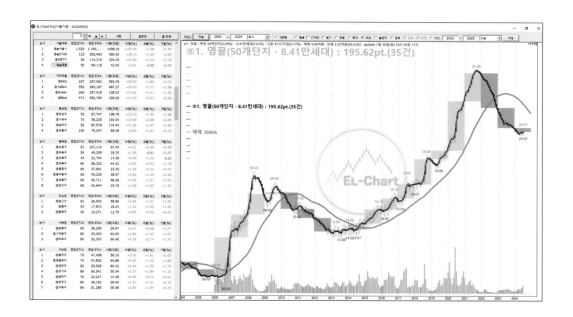

NIFTY 지수와 대척점에 있는 노도강 지역 50개 단지로 구성된 영끌지수는 2009년에는 강한 반등세를 보였으나 이번에는 36개월선 근처에도 가지 못하는 약한 모습을 보이고 있어 이번에는 서울아파트 지수 흐름 판단에서 제외시켜도 무방할 듯하다.

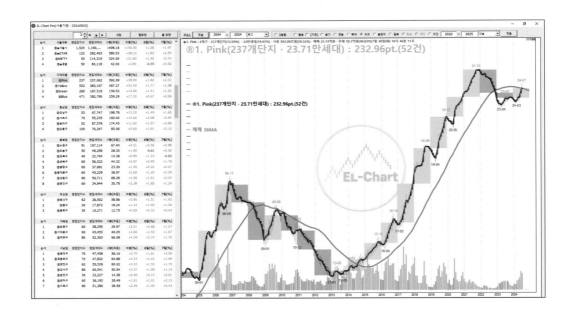

이번에는 가격대별 섹터지수를 살펴보는데 15억 이상의 4개 구로 구성된 Pink-Zone 지수는 강남3구와 거의 같은 흐름이라 봐도 무방하다. 현재 36개월선을 돌파 중이나 2009년 처럼 확실한 돌파 가능성은 높아 보이지 않는다.

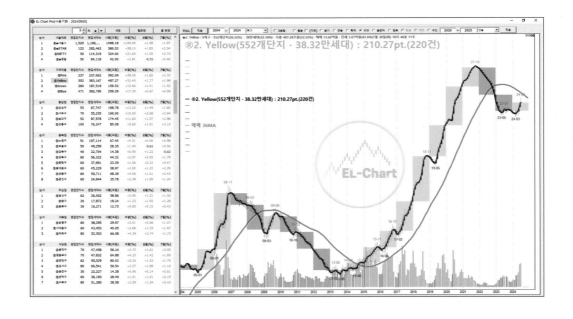

9억 원 이상의 8개 구로 구성된 Yellow-Zone 지수는 서울아파트 종합 지수와 거의 같은 흐름을 보인다. 역시 36개월선과는 이격이 벌어져 있어 돌파에는 무리가 있어 보인다.

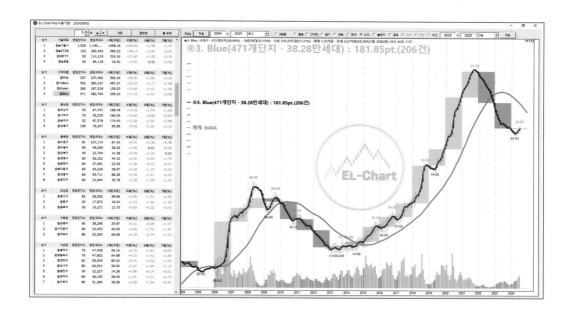

9억 원 이하 4개 구로 구성된 Green-Zone 지수는 특징이 없어 제외하고 7억 원 이하 8개 구로 구성된 Blue-Zone 지수는 이미 확인했던 영끌지수와 거의 흡사한 흐름을 보이고 있다. 역시 서울아파트 종합 지수 흐름과는 동떨어진 약한 흐름이다.

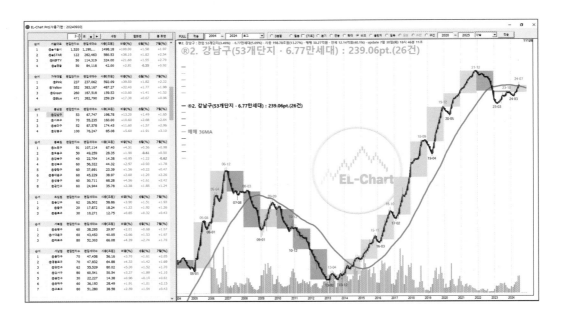

이번에는 25개 구 중 주요 지역을 좀 더 세밀히 살펴보자. 이번 반등장을 주도하고 있는 강남구 실질지수를 보면 36개월선 돌파 가능성이 가장 높은 단계로 과연 이번에는 2009년과는 달리 확실한 돌파에 성공하여 서울아파트를 끌고 계속 전진할지 주목이 되는 지수다.

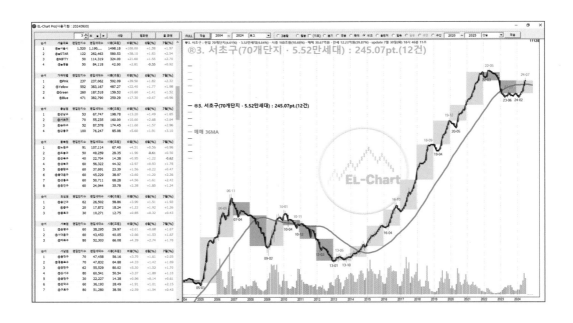

2009년 당시에도 가장 강했던 서초구 실질지수는 당시 유일하게 36개월선을 확실히 돌파했던 지수다. 그러나 당시 더 이상 추가적인 상승을 못 하고 몇 개월 버티지 못한 채 결국 재차 하락했다. 이번에도 7월 현재 36개월선 돌파에 가장 성공적인 상태로 과연 이번에는 추가적인 상승세를 이어가며 확실한 돌파에 성공할지 두고 볼 일이다.

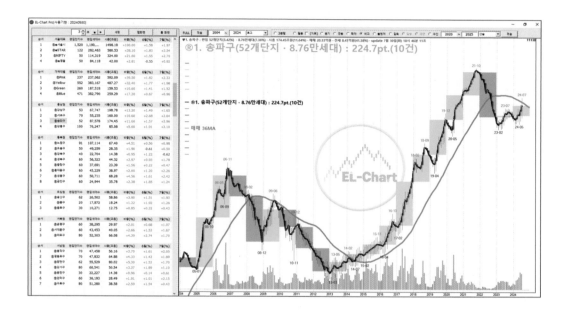

송파구 또한 현재 36개월선 근처까지 올라온 상태로 2009년 당시에는 36개월선 돌파에 실패한 후 가장 큰 폭락을 보였었다. 이번에도 그 전철을 밟는다면 큰 위험에 처할 수 있다. 명목지수에서 보이는 강한 흐름에만 도취되면 낭패를 당할 가능성도 있음을 경계해야 한다.

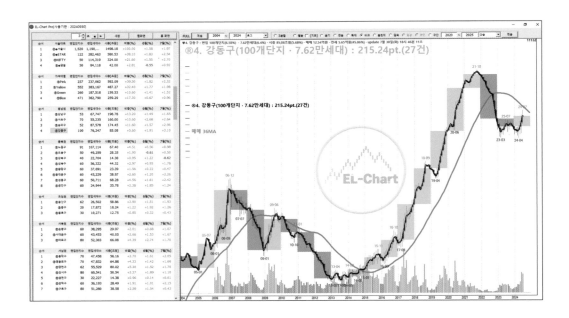

강동구도 현재 뉴스에서 보도되는 강한 흐름은 실질지수에서는 보이지 않는다. 준신축급 이상의 몇몇 단지만 상승을 하며 나머지 대부분의 단지들은 저조한 상승률을 기록하고 있기 때문에 소비자 물가를 반영한 실질지수로는 그리 강한 흐름도 아니고 36개월선과도 거리가 있는 상황이다.

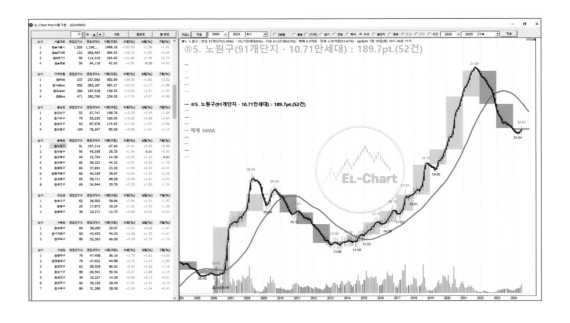

Blue-Zone 지수에서 보았듯이 노원구 지수도 36개월선 돌파를 논할 수준이 아니다. 단지 2년이 넘게 폭락을 지속하며 이번 반등장에서도 소외되었는데 최근 두세 달의 반등이 얼마나 지속되는지 정도만 관찰하며 서울아파트 흐름과는 별개로 봐야 할 듯하다.

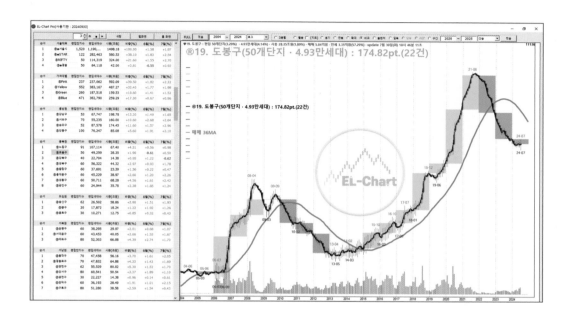

노도강 중에서도 유독 더 약한 흐름을 보이고 있는 지수가 도봉구 실질지수다. 도봉구는 물가를 차감하지도 않은 명목지수조차도 매우 약한 모습을 보이고 있어 오늘이 제일 싸다는 걱정이 앞서는 지역이다. 오로지 노원구 반등만 바라보며 반등 시점을 기다리는 중으로 보인다.

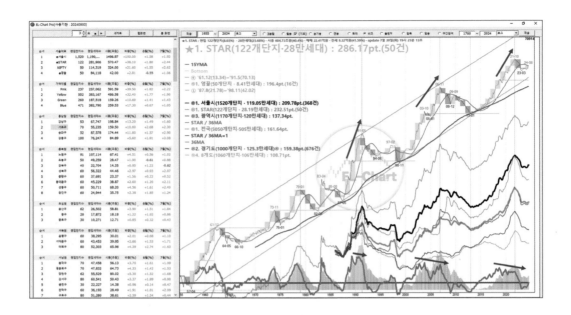

여기서 또 한가지 주목할 부분은 36개월 이평선 이격률과의 Divergence 현상이다. 매매가와 이평선과의 거리를 뜻하는 이격률은 상승 중이더라도 탄력이 둔화되면 급하게 올라오는 이평선과의 거리가 좁혀지게 되는데 이 때 가격과 지표의 방향이 반대로 가게 되면 조만간 상승세가 꺾일 수 있음을 뜻한다. 2021년 상투 시기의 서울아파트에서도 이러한 현상이 진행됐었다. 또한 이격률 역전 현상이 벌어지고 난 후 1990년대 조정 2파와 2010년 부근의 조정 4파에서도 재역전을 한 번에 성공하지는 못했다는 것이다. 그런데 지금 서울 아파트는 이격률 역전을 시도하고 있다.

이처럼 다양한 지수와 지역을 36개월 측면에서 살펴보았는데 이번의 흐름이 대다수가 기대하는 상승파가 아닌 반등파에 불과하다는 생각이 더 든다. 문제는 이번 반등을 마감하고 정말로 2010년 이후처럼 3년 연속 대폭락을 재현할 것이냐인데 36개월선을 점검하고 나니 그 확률이 좀 더 높아 보인다. 또다시 위험 관리와 기회 포착을 준비해야 함을 강조하고 싶다.

17

서울아파트 반등의 한계, '시간론'의 '일목균형표'

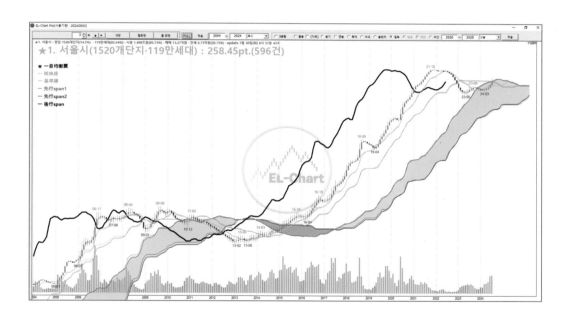

대부분의 기술적분석 도구는 Y축의 가격에 초점을 맞춘 '수준론'의 지표이다. 반면 X축의 '시간론'에 초점을 맞춘 지표에는 일목균형표가 있는데 시세라는 것은 기본 수치 9와 17의 조합에 의한 규칙적이고 반복적인 흐름을 보인다는 동양 철학의 윤회 사상에서 출발한다.

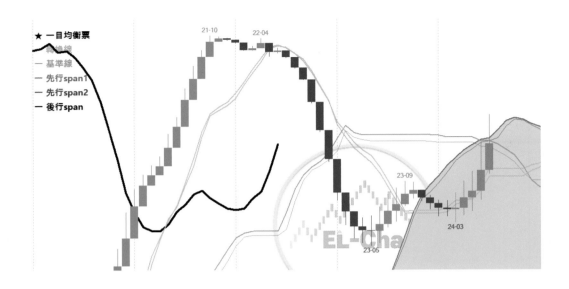

　기본적인 지표들을 간단히 설명하면, 위 차트에서 주황색 선은 전환선이라고 하며 9개월 간의 고점과 저점의 중간값을 연결한 선이고, 하늘색 선은 기준선이라고 하며 26개월간의 고점과 저점의 중간값을 연결한 선이다.

　이 두 전환선과 기준선의 중간값을 26개월 선행하여 배치한 것이 선행스팬1(분홍)이고 52개월간의 고점과 저점의 중간값을 26개월 선행하여 그려 놓은 것이 선행스팬2(파랑)이다.

　선행스팬 1과 2로 만들어지는 부분을 구름대라고 하며 양운과 음운으로 구분한다. 구름대는 혼돈의 세계(연옥)라고도 하며 그 윗부분을 광명의 세계(천당), 그 아래를 암흑의 세계(지옥)라고도 한다. 마지막으로 현재의 시세를 26개월 후행시켜 그려놓은 것이 후행스팬(검정)이라고 하며 일목균형표를 만든 일목산인은 이 후행스팬을 가장 중요시하였다고 전해진다.

　일목균형표의 가장 큰 특징은 보조지표들이 모두 미래의 일정 시점까지 미리 그려져 있어 앞으로의 변곡점 시간과 수치를 짐작할 수 있다는 것이다. 필자는 이 지표들을 부동산 분석에 적용하던 중 구름대와 기준선, 후행스팬이 가장 유용하다는 생각이 들었다.
　그럼 일목균형표를 EL-Chart에 등록된 주요 지수에 적용을 해보자. 여기서 공통적으로 나타나는 또는 주된 지표를 통해 이번 반등이 한계가 있을 수밖에 없으며 조만간 그 수명을 다하고 재차 하락할 것임을 짐작할 수 있을 것이다.

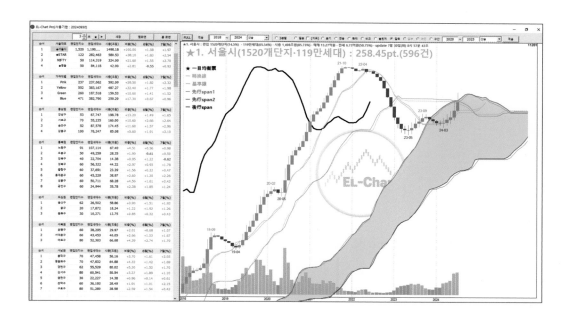

우선 서울아파트 종합 지수를 보면 현재 작년과 올해 두 번의 반등 흐름이 있었고 현재는 구름대와 기준선의 동시 저항을 받고 있다. 후행스팬이 캔들 아래에서 움직이며 캔들이 구름대 안으로 들어와 있는 것은 대세하락 중에 나타나는 특징이다. 즉, 26개월 전의 후행스팬은 과거의 캔들에, 현재의 캔들은 구름대와 중간선의 저항을 받는 중으로 동시에 이러한 저항선을 뚫고 올라가려면 엄청난 에너지가 투입되어야만 한다.

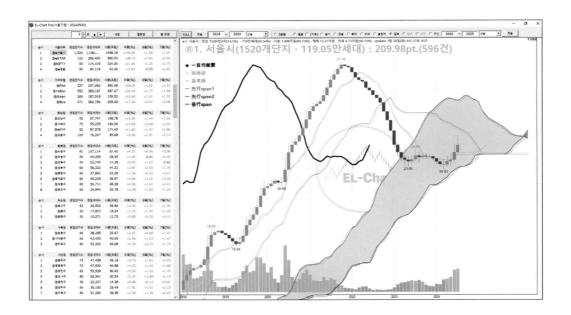

 이 지수를 소비자물가지수로 보정한 실질지수로 보면 더욱 어려운 상황인 것을 알 수 있다. 작년의 반등 이후 재차 조정 시 명목지수에서는 볼 수 없었던 저점 이탈 현상이 나타났었다. 이후 급반등 중이지만 재차 하락한다면 구름대 하단도 지지가 불투명하다. 만일 다음 번 조정 때 구름대 하단으로 내려간다면 연옥을 건너가면 벌어질 암울한 상황이 전개될 수도 있다.

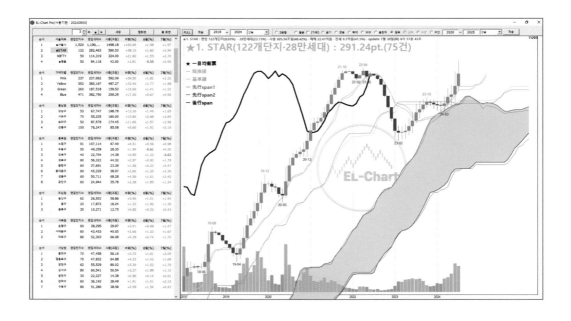

서울아파트 종합 지수를 본 후에는 항상 STAR 지수를 보게 되는데 실제 시장에 영향을 미치며 전체를 끌고 가는 지수이기 때문이다. 이 지수는 워낙 강한 지수라 구름대 안으로 들어오지 않고 오히려 튕겨 올라가는 모습을 보이고 있다. 후행스팬도 캔들을 뚫고 올라갈 기세인데 오히려 이 부분이 저항선 역할을 할 가능성도 있다.

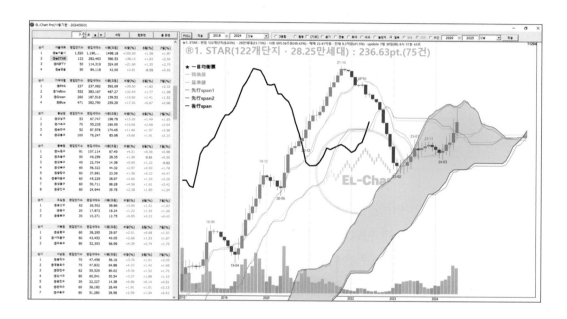

실질지수는 역시 명목지수에 비해 그리 강하지 않은데 이 지수는 서울아파트 명목지수와 거의 변곡점이 비슷한 경우가 많다. 그래서 서울아파트 명목 종합 지수와 STAR 실질지수를 함께 보면 시장 판단에 발생하는 에러를 줄일 수 있다.

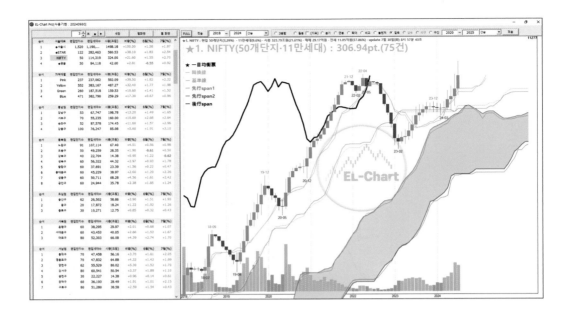

시장의 흡소 현상을 파악하기에는 NIFTY 지수가 좋다. STAR 지수 중에서도 초초 우량 단지 50개만 묶었기 때문에 이번 반등장에도 전고점을 돌파하는 강한 흐름을 보이고 있다. 그러나 이 지수는 일부 초우량 아파트만의 현상을 반영한 것이고 이를 전체 시황에 적용하면 낭패를 당할 수도 있다.

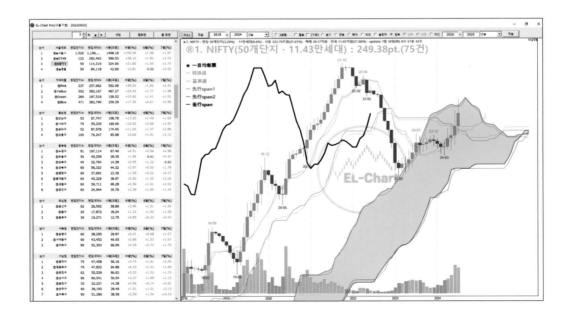

역시 이 지수도 실질지수로는 후행스팬과 구름대 상단을 벗어나지 못한 상황이라 아직 대세하락을 벗어나지 못하고 있는 상황이다.

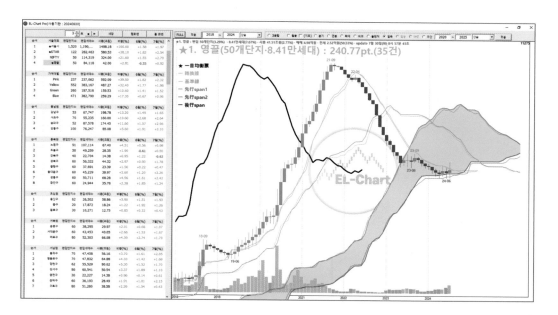

최근의 시장 상황에서 가장 취약한 지수인 영끌지수다. 명목지수만으로도 3년째 하락 중인데 최근의 반등장에서도 소외되어 구름대 하단을 위협하는 지경이다.

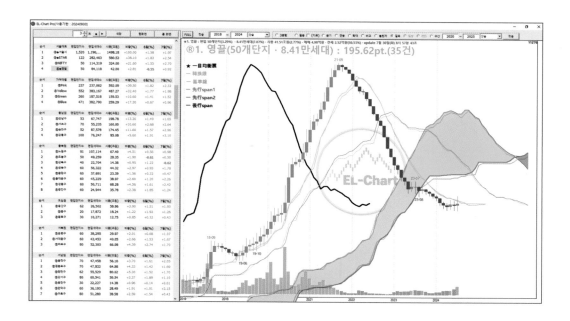

그런데 실질지수로는 이미 이 지지선을 하향이탈하여 연옥을 벗어난 상태로 암흑의 세계(지옥)에 떨어진 상태다. 혹시 모를 사태가 전개될 수 있으니 영끌러들은 위험 관리에 철저해야 할 것이다.

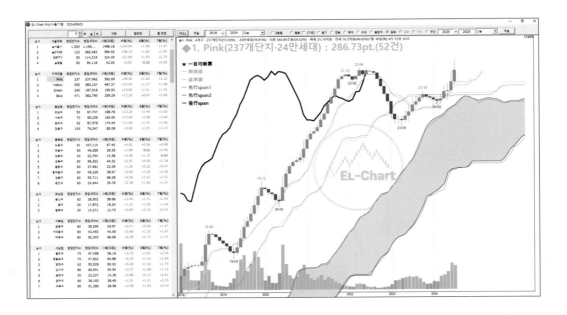

평균 15억 이상의 고가 아파트가 분포된 4개 구의 핑크존 지수도 STAR 지수와 거의 비슷하다고 보면 된다. 역시 강한 모습인데 다음에 보게 될 강남구 등의 상황과 거의 대동소이하다.

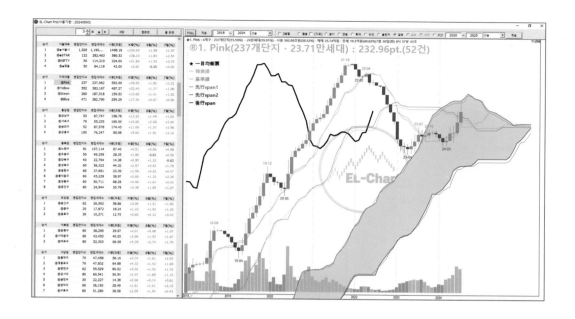

물론 실질지수는 여전히 대세상승으로 전환되기에는 거리가 멀다.

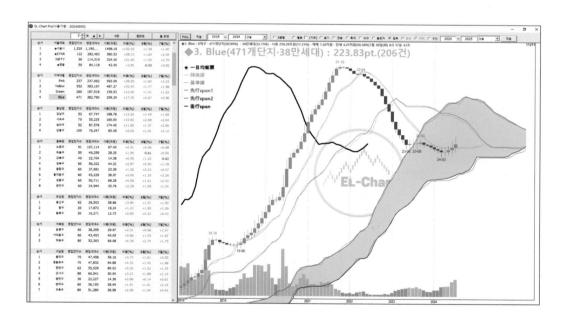

7억 미만의 블루존 지수도 최근 반등 중이나 그동안의 하락이 워낙 심해서 여러 저항선과는 거리가 멀다. 그러나 영끌지수보다는 양호한 상황으로 이는 영끌했던 아파트들이 얼마나 취약한 상태인지 알 수 있다.

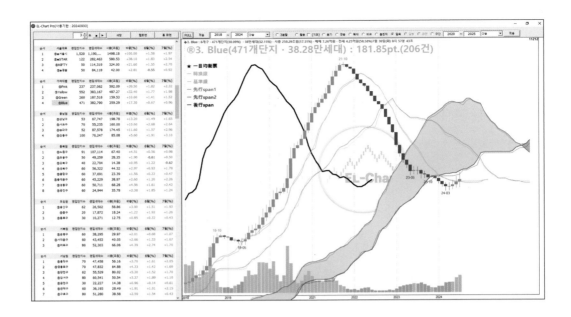

실질지수를 보면 블루존 지수도 반등 중인 현재의 상황이 이미 이탈한 구름대 하단에서 이루어지고 있기 때문에 재차 구름대 안으로 들어오기는 어려워 보인다.

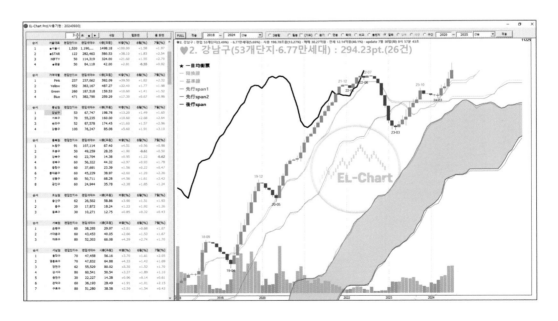

이제 세부적으로 주요 지역을 살펴보는데 강세가 두드러진 강남3구와 약세가 두드러진 노도강 지역을 대조해 가며 본다면 균형감 있는 분석이 될 듯하다. 7월 들어 전고점을 돌

파한 강남구 지수는 한가지 변곡점의 가능성도 있다. 후행스팬이 캔들의 고점 바로 위에 있다는 것이다. 즉, 26개월 전의 고점에 현재의 캔들이 있다는 것인데 일목균형표에서는 시간과 수준이 겹치는 지점을 아주 강력한 변곡점 지표로 인식이 된다.

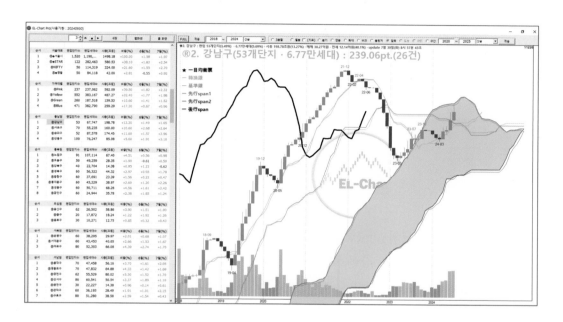

실질지수도 여전히 대세하락국면을 벗어난 상태가 아니라는 점도 걸림돌이다.

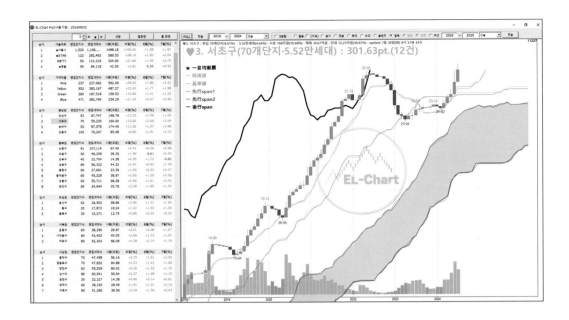

서초구 지수도 강남구와 비슷한 흐름이다. 웬만한 저항선은 모두 돌파하며 신고가 행진
을 지속하는 중으로 이렇게 강한 흐름을 보일 때는 실질지수도 점검을 해야 시장 분위기
에 빠지지 않고 객관성을 유지할 수 있다.

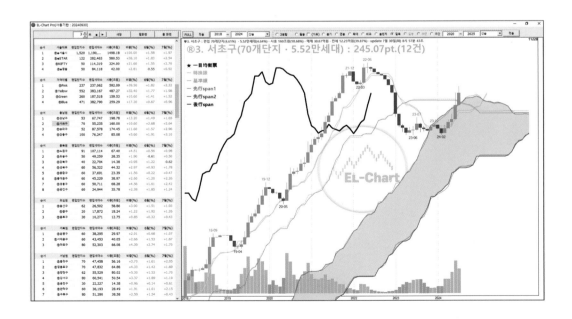

서초구는 여타 지수에 비해 실질지수도 매우 강하다. 구성하는 아파트가 대부분 초고 가라 단타꾼이나 갭투기꾼이 접근할 수 없어 큰손들의 전유물이 되어 내부 관리가 잘되는 이유일 듯하다.

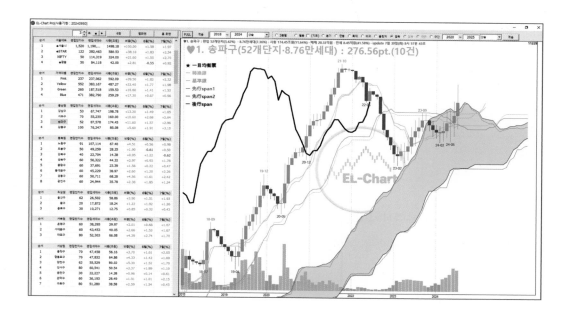

이에 비해 송파구 아파트는 강남3구 중 유일하게 구름대 안에서 반등 중으로 구름대는 벗어나고 있으나 아직 후행스팬이 캔들에 못 미치고 있다.

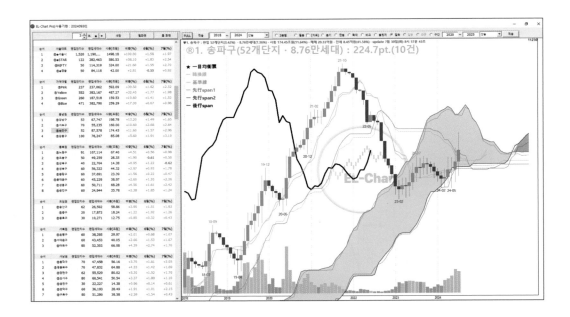

실질지수도 구름대 하단까지 내려가는 취약성을 보이기도 했으며 최근의 급반등에도 저항선들이 멀리 있어 대세상승을 논하기에는 시기상조다.

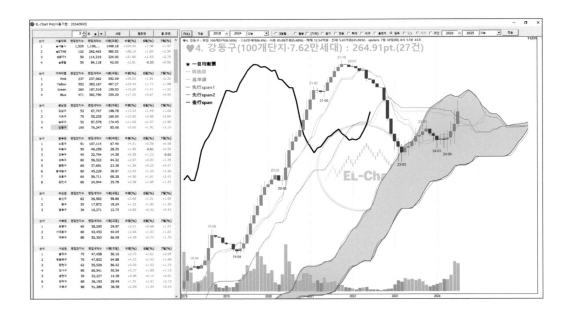

이번 반등장에 매우 강한 흐름을 보이고 있는 강동구 지수는 버블세븐 당시에도 큰 반등을 보였는데 이번에도 송파구를 따라가며 선방 중이다. 그러나 이제야 기준선을 넘고 있어 구름대 상단까지 돌파하기에는 역부족으로 보인다.

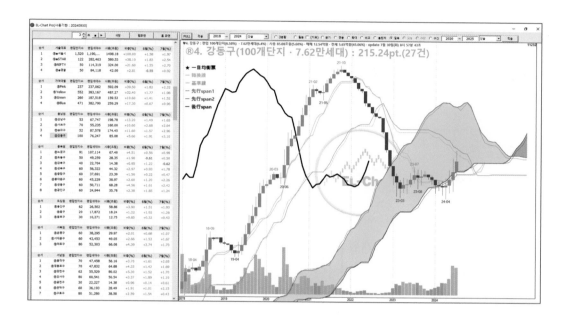

특히 실질지수는 일시적으로도 구름대 하단을 깨고 내려갔다 올라왔기에 훨씬 취약한 상황으로 이번 반등이 마감된다면 강남4구 중 가장 위험할 수도 있어 보인다.

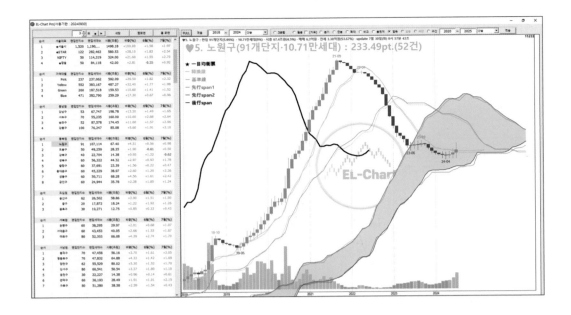

노원구 지수는 섹터별 내 시가총액 비중이 가장 높아 영끌지수나 블루존 지수와 거의 동일한 흐름을 보인다. 최근 3개월 전부터 반등을 시도하는 중으로 반등의 정도 차이뿐 추가적인 위험 관리를 지속해야 할 듯하다.

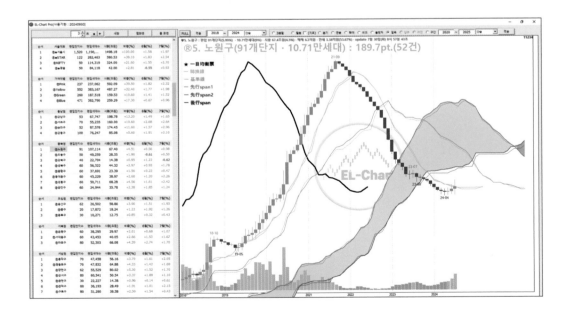

실질지수로도 이번 반등의 한계가 보이며 많이 떨어진 것이 매수의 이유가 되면 얼마나 위험한지 그동안의 경험에서도 자주 목격할 수 있었다.

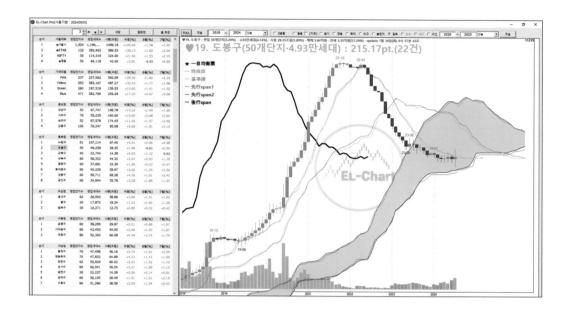

노원구보다 더 약한 지수가 도봉구 지수다. 최근의 노원구 반등도 못 따라가는 매우 취약한 지수로 구름대 하단의 지지력도 의심스럽다.

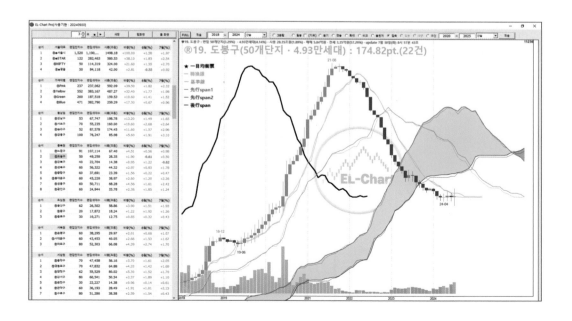

영끌지수에도 다수 아파트가 포함된 도봉구 지수는 코로나 이후의 폭등에 따른 후유증이 지금 나타나고 있는 것으로 보이며 실질지수로는 이미 연옥에서 떨어진 상황이라 바닥이 어딜 지 모르는 위험한 국면이다.

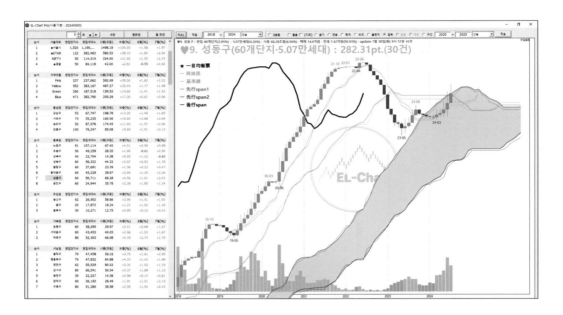

지난 9년 동안의 대세상승장에서 가장 많이 오른 지역이 성동구였다. 최근의 반등장에서도 강한 흐름을 보이고 있는데 서울아파트 흐름과 비슷하기는 하나 후행스팬이 26개월 전의 고점 시점에 위치한다. 즉, 여타 옐로우 지수에 포함된 아파트와는 달리 상투 시점이 대세상승기의 2021년 10월이 아닌 강남구나 서초구처럼 2022년 5월이었다.

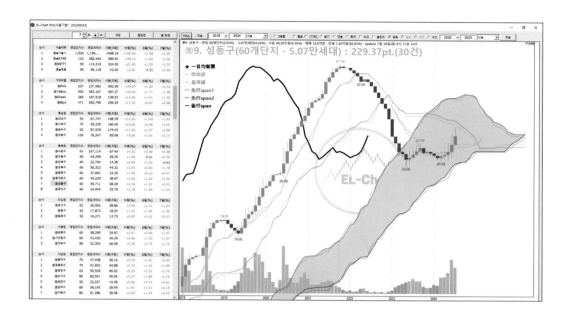

그러나 성동구의 최근의 흐름이 강하다고는 하지만 실질지수로는 서울아파트 평균 수준이다.

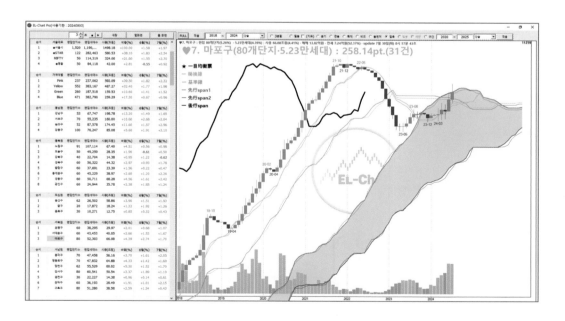

마포구도 성동구와 비슷한 상황으로 기준선은 돌파했고 구름대 돌파 시도 중이다.

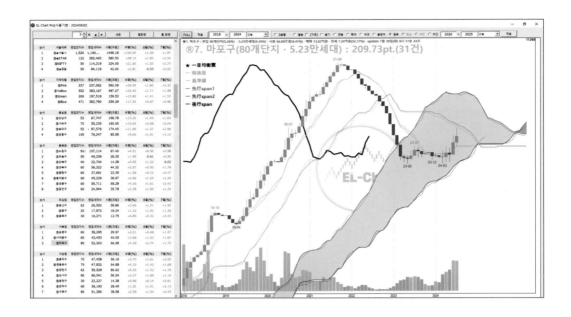

그러나 역시 실질지수로는 대세하락을 벗어나기에는 요원하다.

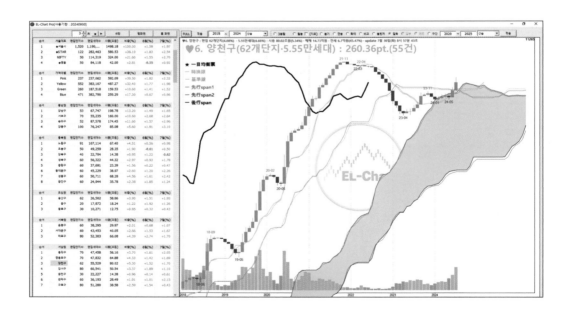

옐로우존 지수에서 가장 먼저 기준선과 구름대를 벗어난 지역이 양천구다. 그런데 양천구는 대세상승의 마지막 국면에서 많이 오르지 못했고 조정기에도 많이 하락한 것이 아니

어서 진폭이 매우 작았다. 이번에는 버블세븐기의 급등락 현상은 안 보였고 최근의 상승도 진폭의 착시현상일 수 있으니 섣불리 대세상승으로 판단을 하기에는 아직 이르다.

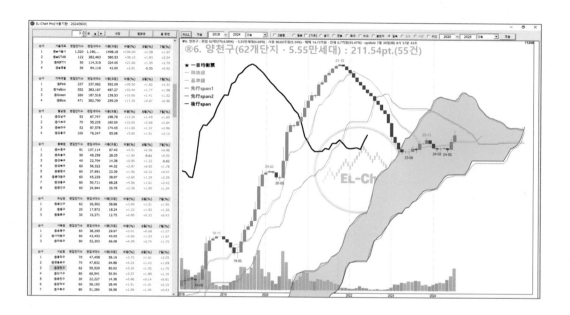

물론 실질지수로도 평균적인 여타 서울아파트에 비해 강한 흐름도 아니다.

지금까지 일목균형표를 적용해 서울아파트를 분석해 보았는데 여전히 이번 반등의 한계를 느낄 수 있었다. 주로 언론에 보도되는 부분은 화려하게 보이지만 현재 전체적인 서울아파트값은 상승이 아닌 반등 중으로 이번 반등이 끝나고 진행될 2차 폭락을 대비하는 것이 현명해 보인다. 시장이 돌아서면 언론도 언제 그랬냐는 듯 자극적인 폭락 기사를 쏟아낼 것이기 때문이다.

18

변곡점 예고지표,
전세/매매 '수급지수'

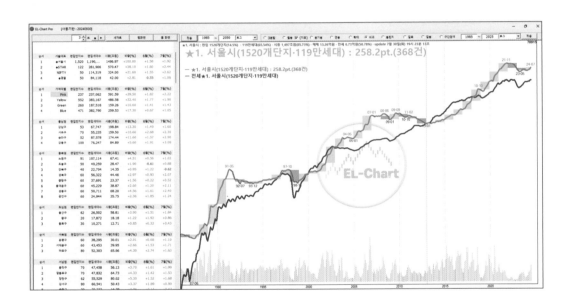

서울아파트 시장에서 매매가에 영향을 미치는 가장 큰 요소는 전세가라 단언해도 무리가 아닐 것이다. 이번에는 매매가와 전세가의 관계, 그리고 이들을 움직이는 심리지표인 "수급지수"에 대해 살펴보면 향후 시장 판단에 유용하게 활용할 수 있을 듯하다. 위 차트는 1986년 이후 1,520개로 구성된 서울아파트 종합 지수로 매매가와 전세가를 로그차트로 표시한 것이다. 2006년 이후는 국토부 실거래가 데이터고 그 이전은 개별아파트 평형별 중위 시세를 이용해 만들었다.

2020.7

與, 이틀 만에 처리한 임대차 3법

2+2 청구권, 전월세 상한제 등 적용
기존 세입자도 소급 적용 받아

서울아파트 시장이 불을 뿜으며 폭등하던 2020년 7월 말, 전세가 폭등이 매매가를 밀어 올리던 시기에 국회에서는 전격적으로 임대차법 개정안을 통과시켰다. 당시 야당과 전문가들의 극심한 반발에도 전광석화처럼 통과된 것뿐만 아니라 예고기간 없이 즉시 시행된 것이다. 이 중에서 특히 중요했던 법안은 2+2 법안으로 불리던 계약갱신청구권이다. 즉, 2년의 임대계약 기간을 4년으로 늘린 게 핵심이었다.

그럼 2년이라는 전세 계약 기간은 언제 시작되었고 당시에는 시장에 어떠한 영향이 있었을까?

1981.3

임차인,
주택임대차보호법 적용 받아

기존 계약자도 혜택 받는다, 6개월간 해약 불가

최초의 주택임대차보호법은 1981년 처음 제정이 되었다. 1년 단위로 계약을 하되 그 이하라도 6개월 이내에는 계약을 해지할 수 없었다. 이후 이 법이 개정된 때는 1989년 12월 말인데 이듬해 1990년 1월부터 시행되었다.

임대차보호법, 그 효과는?

전셋값 2년 인상분 한번에 요구하기도… 3배 껑충 뛰기도

법률상 5% 이내는 전세량 2%에 그쳐

그런데 당시 봄 이사철을 맞아 전세가가 폭등을 했고 일각에서는 전세가 상승의 주범이 지금처럼 임대차법 때문이라는 주장도 많았다. 그러나 이는 단편적인 주장이었고 당시 임대차법 개정에 포함되지 않은 상가의 임대료가 훨씬 큰 폭으로 상승한 걸 보면 당시의 살인적인 물가를 상승률의 주범으로 보는 것이 타당할 듯하다.

이를 뒷받침하는 과거 시계열 데이터를 살펴보면 당시의 임대차법으로 인해 전세가 상승세는 매매가에 비해 상대적으로 상당히 안정돼 가고 있었다.

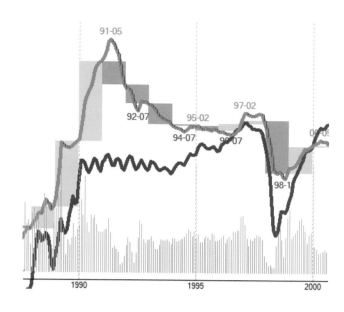

즉, 소비자 물가를 반영한 실질전세가지수는 1990년 이후 매매가의 폭등에도 불구하고 오히려 상승률이 훨씬 낮아졌다. 문제는 당시 법개정안에 "전월세 상한제"가 포함되지 않았다는 것이다.

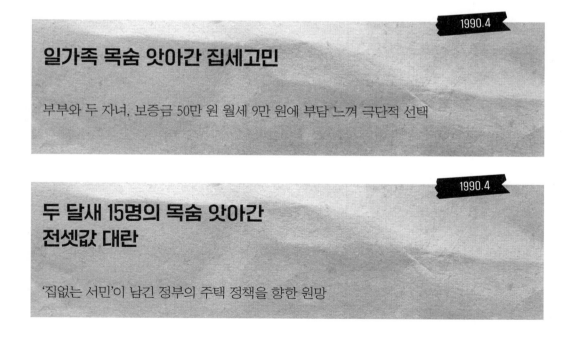

1990.4

일가족 목숨 앗아간 집세고민

부부와 두 자녀, 보증금 50만 원 월세 9만 원에 부담 느껴 극단적 선택

1990.4

두 달새 15명의 목숨 앗아간 전셋값 대란

'집없는 서민'이 남긴 정부의 주택 정책을 향한 원망

전세 계약 기간이 1년에서 2년으로 늘어나자 임대인들은 앞으로 올려 받지 못할 손해를 반영해 미리 몇 년 치를 올리는 상황이 발생했다. 봄 이사철과 맞물려 일시적으로 전세대란이 발생했고 갑자기 오른 전셋값을 준비하지 못하고 길거리로 쫓겨난 세입자들 중 극단적인 선택을 한 가정이 늘어났다. 연초 2개월간 이런 비극적인 결과로 17명이 생을 포기했다. 다행히 이번의 2020년 법 개정 때는 전월세 상한제가 포함되었고 통과 즉시 시행되었기에 30년 전의 비극을 막을 수 있었다.

신기한 것은 임대차법이 개정되어 실시된 1990년에는 1년 후인 1991년 5월 서울아파트가 대상투를 쳤다는 것이고 이번에도 2020년 법 시행 이듬해인 2021년 10월 대상투를 쳤다는 것이다. 두 시점 모두 1년 3개월 후라는 공통점도 있는 것을 보면 매매가 폭등의 주범은 전세가 폭등이라는 점이 확실하고 이를 잘 통제하면 서울아파트 매매가를 효과적으로 관리할 수 있겠다는 생각이 든다.

2024.7

'집값 급등의 원인'은 임대차 2법?

세입자 보호 명목으로 도입되었으나 전셋값을 끌어올렸다는 지적 받아,
대통령실 폐지 검토

그런데 최근 임대차법이 집값 급등의 원인이라며 폐지를 검토하는 현 정부는 혹시 반대로 2022년 매매가 폭락의 주범이라고 생각해 폐지를 추진하는 것은 아닌지 의심스럽다.

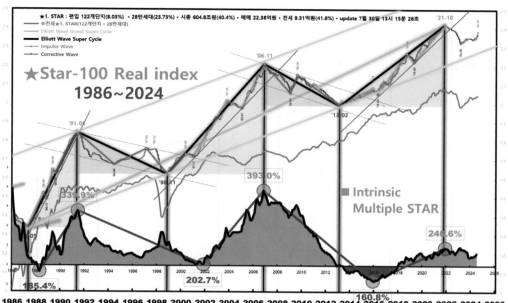

위 차트는 STAR 실질매매지수에 실질전세지수, 그 아래 전세가율을 반전시킨 그래프를 함께 그린 것으로 중요한 변곡점에 파동도 표기하였다. 매매가에는 투자가치가 포함되어 있는 반면 전세가에는 투자가치가 빠진 거주가치라는 내재가치만 있기에 필자는 기준(분모)을 매매가로 보지 않고 전세가를 기준(분모)으로 본 것이다.

여기서 중요한 점은 매매가율 차트에서 고점은 일치하나 저점은 일치하지 않는다는 것이다. 1991년 5월 상투와 2006년 11월 상투 때는 매매가와 매매가율이 동시에 고점을 형성했고 이번에도 2021년 10월 근처에서 동시에 고점을 형성했다. 공교롭게도 매매가율 차트에서 고점 인터벌이 15년이라는 점이다. 여기서 필자는 무엇을 얻을 수 있었을까? 매매가율 차트에서는 그 고점이나 저점의 절대 수치가 아닌 구간의 길이가 더 중요한 정보를 제공해 준다고 보인다. 즉, 최근의 상승파동도 34년간의 마지막 상승 5파동으로 대세상승의 끝물이라 그 기간은 동일하게 적용되는 듯하다.

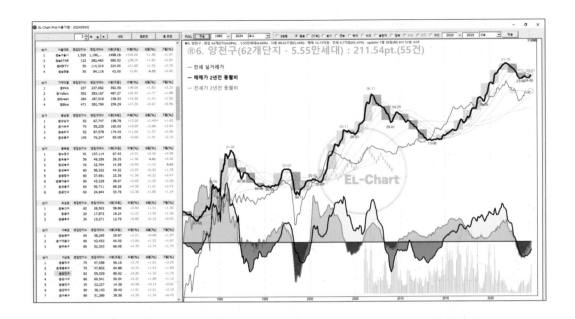

    2022년 서울아파트 폭락의 주범으로는 역전세난을 들 수 있다. 역사적으로도 역전세난이 발생했을 때는 매매가도 큰 폭의 조정을 거쳤었는데 이번의 역전세난 충격은 IMF 이후 최대였다. 실제 KB은행 기준으로는 2022년도 서울아파트 매매가 연간 하락률이 IMF 이후 최대였다고 한다. 물론 부동산원에서는 10% 넘는 폭등을 했다고 통계조작을 했던 사항이다.

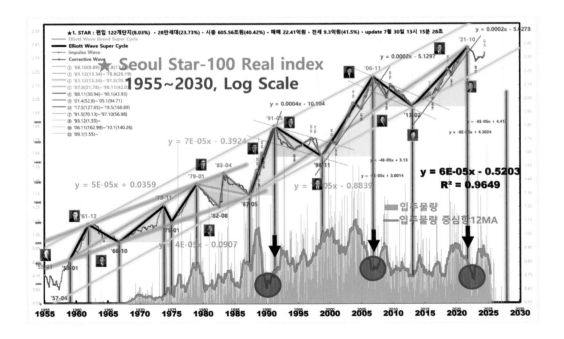

그럼 그동안 역전세난은 왜 발생했는지 입주 물량을 중심으로 체크해 보자. 위 차트는 우리나라 최초의 아파트인 1958년 종암아파트 준공 이후의 월별 입주 물량 그래프로 12개월 중심항 이평선으로 잔차를 제거하여 도식화한 그래프이다.

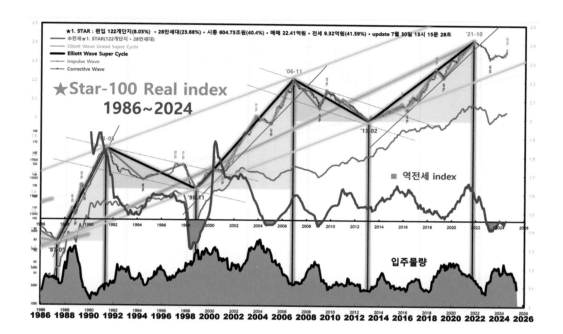

전세가 데이터를 구할 수 있었던 1986년 이후만 비교해 보면 전세가는 입주 물량에 영향을 받는다는 상식이 확인된다. 그런데 입주 물량과 전세가 하락에는 약간의 시차가 있다. 즉, 입주 물량이 극대치일 때 전세가의 최저점이 나오는 것이 아니라 입주 물량이 증가하기 시작하면서 전세가는 약세를 보이고 전세가 하락이 한참 진행된 이후에 역전세 현상이 발생했다. 입주 물량은 인허가와 착공 등의 사전 데이터를 이용해 몇 년 후의 입주 물량을 체크할 수 있으니 이를 잘 활용하면 시장 흐름을 보다 더 잘 이해할 수 있을 듯하다.

　매매 및 전세와 관련된 시장심리지표로 수급지수가 있다. 여기서는 2003년부터 장기 시계열을 제공해 주는 KB수급지수로 시장 흐름을 읽어 보는 시간으로 삼겠다. 위 차트는 서울아파트 주간실거래가지수로 붉은색은 매매수급지수, 파란색 선은 전세수급지수다. 최근의 서울아파트 매매와 전셋값 강세를 반영하듯 두 수급지수 모두 급등 중이다.

　과거 데이터에서 추론할 수 있는 것은 매매가 급등의 후반기에 전세가도 따라 오르다가 막바지 국면에서는 전세 물량이 거의 없는 패닉바잉 현상이 나타나며 전세수급지수가 200에 가까워지고 그 과열이 식으면서 매매가도 고점을 친다고 해석할 수 있다.

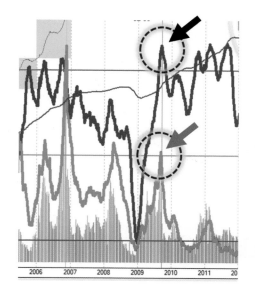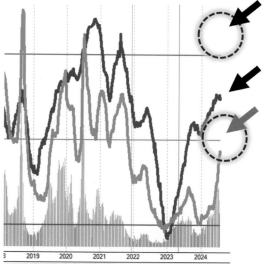

그런데 필자는 여기서 2가지 현상에 주목하고 있다. 현재의 반등을 리먼 사태 직후인 2009년 파동과 동일시하고 있던 중 당시 반등장에서는 전세수급지수가 엄청난 기울기로 최고 수준까지 한 번에 도달한 반면 이번에는 초기에만 급등했을 뿐 중간에는 굴곡이 생겼으며 최근에는 더 이상 상승하지 못하고 2-3주째 제자리걸음을 하고 있다는 것이다.

또 한 가지는 2009년 폭등하던 시장에서 매매수급지수가 피뢰침 같은 급격한 변침의 모습을 보였다는 것이다. 이는 지금의 급등하는 시장도 어느 순간 이러한 피뢰침 현상이 발생해 시장이 돌변할 수도 있다는 것으로 경계해야 할 현상이다.

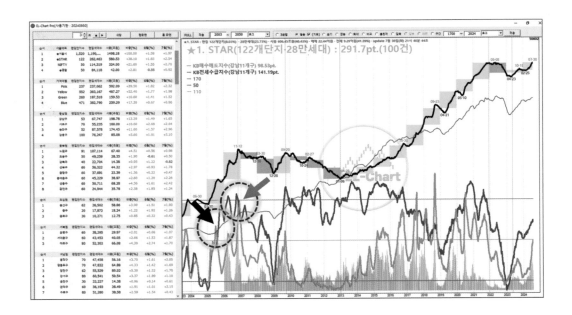

　　KB은행에서는 강남권역과 강북권역을 구분하여 각기 3개의 수급지수 데이터를 제공하기에 이를 강남권 대표지수인 STAR 지수와 강북권 대표지수인 영끌지수에 대입을 해보면 지역에 따라 두 지수에는 약간의 차이가 있다. 2006년 말 버블세븐이 터질 당시의 강남권역 매매수급지수는 매매가지수의 쌍봉 형태를 따라 높낮이가 다른 2개의 피뢰침이 발생했다.

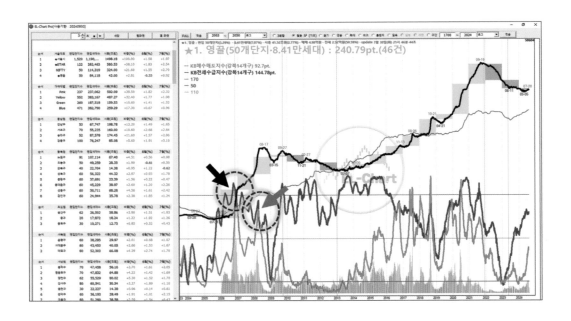

반면 강북권 매매수급지수는 영끌지수의 쌍봉 형태를 따라 비슷한 흐름을 보여주고는 있
으나 왼쪽 봉우리에서 시점에 큰 차이가 있다. 즉, 강북권역 왼쪽 피뢰침은 강남권역과는
반대로 오른쪽 피뢰침보다 더 높았다. 당시의 극심한 심리적 쏠림 현상이 극에 달했음을
짐작할 수 있다. 물론 이번 반등장에서는 15년 전처럼 양극화 현상이 보이기는 하지만 그
방향도 전혀 다르고 강도도 약한 편이라 그러한 지역적 편중 현상은 나타나지 않고 있다.

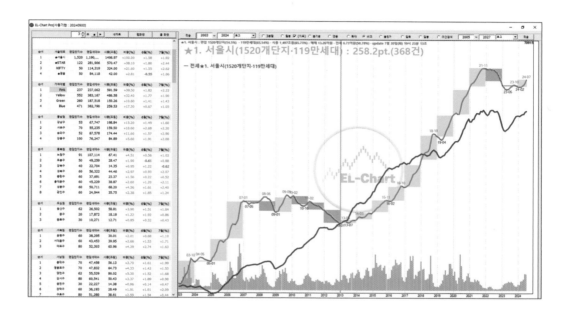

마지막으로 또 한 가지 짚고 넘어가야 할 부분은 전세가지수에서다. 매매가에 비해 전세
가는 상승기에도 큰 굴곡 없이 꾸준히 상승하는 경향이 있다. 전세가에는 투자수요 대신
거주가치가 대부분이라 물가 상승률을 따라 꾸준히 상승하기 마련이다. 따라서 IMF 등의
위기국면에서도 일시적으로 큰 폭의 전세가 하락이 발생하더라도 전고점을 회복하는 데
별 시간이 걸리지 않았었다.

그런데 이번에는 전세가지수가 전고점 부근까지 급등하긴 했지만 7월 말 현재 아직도 전
고점을 돌파하지는 못했다는 것이다. 2년간의 물가지수를 감안하면 오히려 직전 고점보다
전세가는 낮은 것이다. 특히 여러모로 현재와 비슷한 2009년에는 매매가에 비해 전세가
상승률이 압도적이었으며 이후 매매가의 하락전환과 침체하에서도 전세가는 지속적으로
사상 최고치를 갱신하며 폭등을 했다는 점이다.

물론 책이 출간된 한두 달 이후에는 전고점을 돌파해 있을 수도 있지만 혹시 지금까지의 대세상승기 때는 중간조정국면 이후에도 그러한 전세가 강세 흐름이 나타났다면 이번에는 34년 동안의 상승파동이 끝난 이후라 그러한 현상이 반복되지 않을 수도 있겠다는 의구심도 든다. 필자도 직접 경험해보지 못했고 과거 데이터로도 확인할 수 없는 사항이라 이번에 좋은 경험이 될 듯하다.

19

홍남기가 쏘아 올린 작은 공, 위험한 케이스-쉴러 지수!

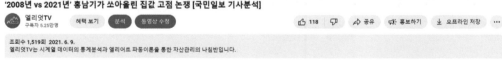

'2008년 vs 2021년' 홍남기가 쏘아올린 집값 고점 논쟁 [국민일보 기사분석]

엘리엇TV
구독자 5.25만명

혜택 보기   분석   동영상 수정

👍 118   👎   ↗ 공유   📣 홍보하기   ⬇ 오프라인 저장   ⋯

조회수 1,519회 2021. 6. 9.
엘리엇TV는 시계열 데이터의 통계분석과 엘리어트 파동이론을 통한 자산관리의 나침반입니다.

　필자가 "2021년 서울아파트, 大폭락이 시작된다"라는 책을 출간하고 5월부터 유튜브를 시작한 후 한 달이 지난 6월 9일 올린 영상으로 그날 아침 보도된 홍남기 경제부총리의 아파트값 고점 논쟁에 관한 것이었다.

홍남기에서 시발된
2008년 vs 2021년 집값 고점 논쟁

2008년과 유사하지만 악화 요인 훨씬 많아

당시에는 패닉바잉이나 영끌이라는 단어가 9시 톱뉴스로 나올 만큼 서울아파트 시장이 멈추지 않는 폭등세를 기록하고 있을 때였다. 부총리의 의견은 현재의 서울아파트 폭등이 2008년 리먼 사태 직전의 버블세븐 시기와 비슷한 위험이 있는 상황이라고 경계하는 내용이었다.

'2008년 vs 2021년' 홍남기가 쏘아올린 집값 고점 논쟁 [국민일보 기사분석]

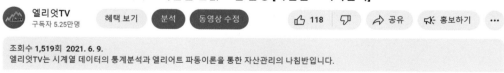

엘리엇TV
구독자 5.25만명
혜택 보기 분석 동영상 수정   👍 118 👎 ↗ 공유 📢 홍보하기 ⋯

조회수 1,519회 2021. 6. 9.
엘리엇TV는 시계열 데이터의 통계분석과 엘리어트 파동이론을 통한 자산관리의 나침반입니다.

기사의 내용에는 없었지만 차트 하나에 필자의 의견을 덧붙여 방송을 했던 것인데 주된 내용은 기술적 분석상 서울아파트 실질지수가 2008년 최고점 근처에 다다랐기 때문에 그 저항권에 들어서면 위험한 구간이라는 내용이었다. 결국 4개월 후인 2021년 10월에 서울 아파트는 역사적인 大상투를 치고 급락전환의 길에 들어서기 시작했다.

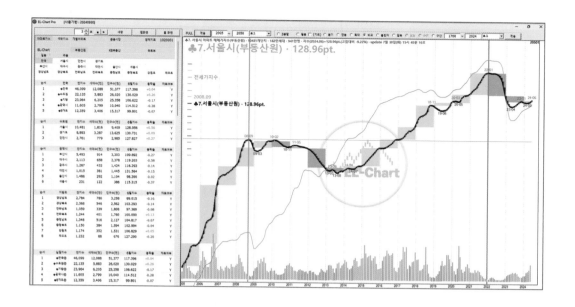

　　3년이 지난 지금의 차트로 그 당시를 되돌아보면 당시 홍남기 부총리의 우려가 얼마나 정확한 지적이었나를 알 수 있다. 위 차트는 부동산원 월간동향 명목지수다. 당시 필자의 실거래가 지수가 아닌 정확하지도 않는 부동산원의 그래프를 사용했던 이유는 모두들 국가 공식 통계인 부동산원 데이터를 보고 있었기 때문에 그에 맞춘 것이었다.

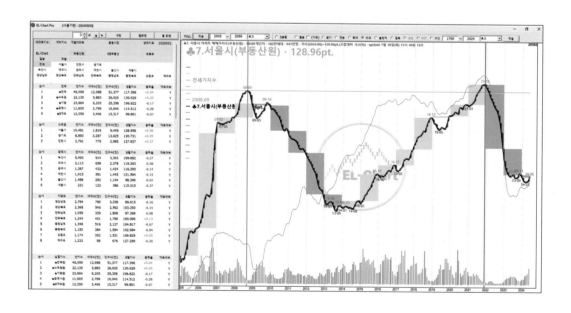

명목지수 차트와는 달리 지금 보면 실질지수는 정확히 15년 전의 고점에 부딪힌 후 급전 직하한 모습을 볼 수 있다. 최근 반등했다고는 하지만 8년 전인 2016년 지수에서 헤매고 있다. 그런데 이상하지 않은가? 실제 8년 전 가격으로 떨어진 아파트가 서울에 있을까?

부동산원의 통계조작으로 등락을 제대로 반영하지 못한 부동산원의 동향조사 누적치가 시간이 흐르면서 물가도 커버하지 못하는 수준이라 물가를 반영하면 저렇게 황당한 모습을 보여주고 있는 것이다. 여기서 부동산원이 국가통계조사 기능을 넘겨받기 이전의 데이터에도 문제가 있음을 처음으로 고하겠다.

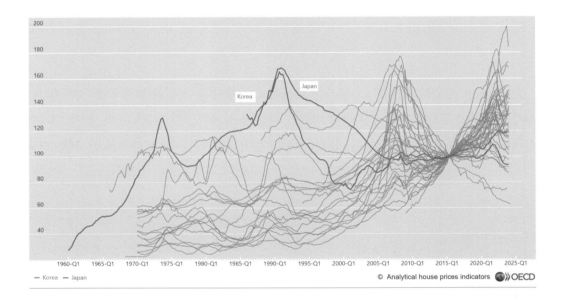

위 차트는 OECD 통계국에 등록된 최신 자료로 각 회원국의 주택가격지수를 각 나라의 소비자물가지수를 반영해 도식화해 보여주고 있는 것이다. 파란색은 일본, 빨간색이 한국 주택가격지수인데 아파트와 단독주택이 모두 포함이 되었고 서울을 포함한 전국의 주택가격 지수이다.

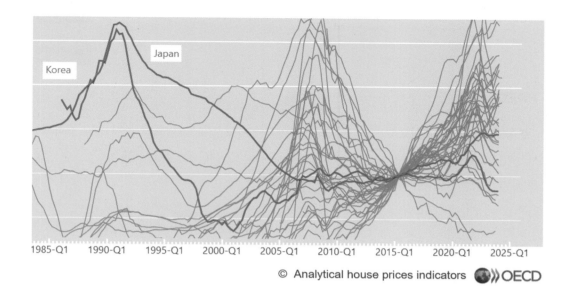

© Analytical house prices indicators ◉》OECD

　그런데 1991년 이후의 우리나라 실질주택가격지수가 잃어버린 일본의 버블붕괴 이후보다 두세 배 더 급격한 폭락을 보여주고 있다. 즉, 최근의 우리나라 전국 주택가격지수가 소비자물가를 반영하면 IMF 때보다도 더 낮은 수준라는 것이다. 이는 주택은행 시절부터 주택가격 상승률을 너무 적게 계상하다 보니 그 수치가 수십 년 누적되며 물가를 커버하지도 못하는 수준이 되어버린 것이다. 물가를 반영하더라도 우리나라 전국에서 어느 주택이 현재 30년 전보다 낮은 곳이 있는가? 우리나라는 국가의 통계 불감증이 너무 오랜 기간 누적되었다.

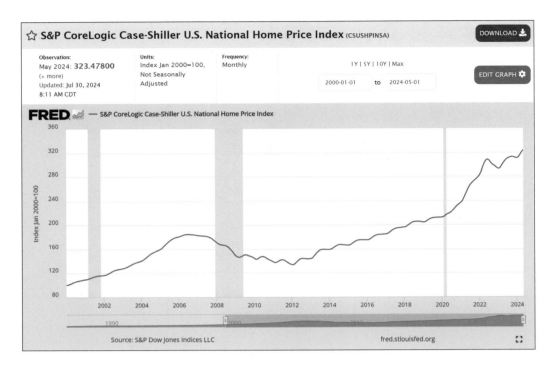

여기서 필자가 주장하는 실질지수로 본 미국 주택가격지수도 매우 위험한 수준이라는 것이다. 지수에 대한 설명은 이미 했기에 본론부터 들어가면, 케이스-쉴러 지수와 전국주택가격지수는 현재 사상 최고치를 지속적으로 갱신해 가며 강세를 이어가고 있다.

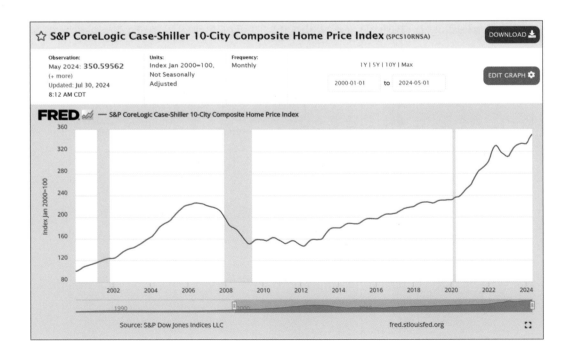

필자는 서울아파트의 흐름과 비교를 위해서 케이스-쉴러 지수 3가지 중 전국이나 20대 도시가 아닌 10대 도시 지수를 참고하고 있다. 아무래도 서울 아파트와 변곡점 등을 비교하려면 단독 주택이 대부분인 미국의 지방을 포함하는 것보다 대도시 중에서도 가장 큰 도시들의 주택을 모아둔 10대 도시의 데이터에 아파트 형태의 공동주택이 더 많이 포함되었을 가능성이 크기 때문이다. 실제로 3가지 지수를 서울아파트와 비교해 본 결과 리먼 사태 등에서 변곡점과 굴곡을 가장 민감하게 나타내 주는 것이 10대 도시 지수였다.

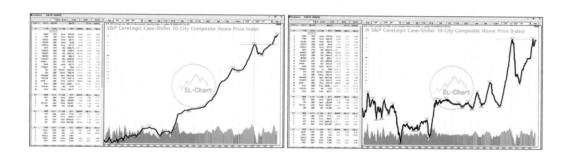

필자는 1880년부터의 케이스-쉴러 지수 풀데이터를 EL-Chart에 등록해 놓았는데 10대 도시 데이터에 1987년 이전의 전국 지수를 연결하여 사용 중이다. 저 차트에서 보면, 대공황 직전에는 1920년대 플로리다반도 부동산 투기가 먼저 있었고 우리가 알고 있는 당시의 폰지사기가 얼마나 큰 규모였는지도 확인이 된다.

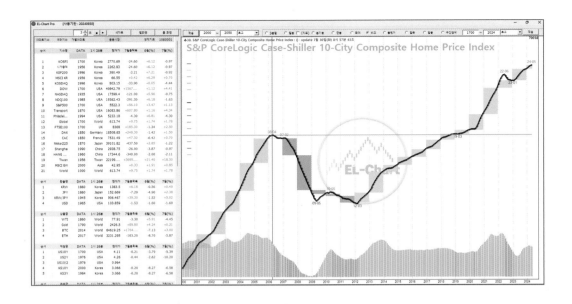

    100년이 넘는 미국 주택가격지수를 보는데 과거와 비교하려면 소비자물가지수를 감안
한 실질지수로 봐야 한다. 100년 넘게 꾸준히 오르는 것만 같던 미국 주택가격지수도 물가
를 감안하면 그 등락이 무척 크다.

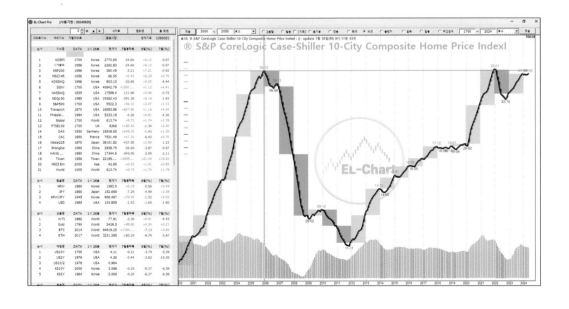

2025년 대한민국 아파트, 2차 폭락이 시작된다!

그런데 미국 주택가격지수의 최근 흐름이 "홍남기 작은 공" 사건처럼 2006년 고점을 넘지 못하고 있다. 즉 화려하게 보이는 미국 주택 가격 상승이 실제로 물가를 반영하면 20년 전의 고점을 못 넘고 있다는 뜻이다. 그렇다면 미국도 혹시 조만간 "홍남기 시즌2"가 시작되는 것은 아닐까?

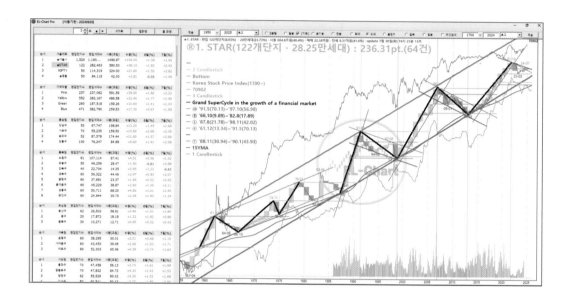

참고로 전문가들은 부동산원이나 KB은행 등에서 산출하는 아파트지수는 사용하지 않기를 권한다. 일상적인 지수 과소산출 문제도 많지만 주요한 시점마다 통계조작 등의 오염이 생긴 경우가 너무 많기 때문이다.

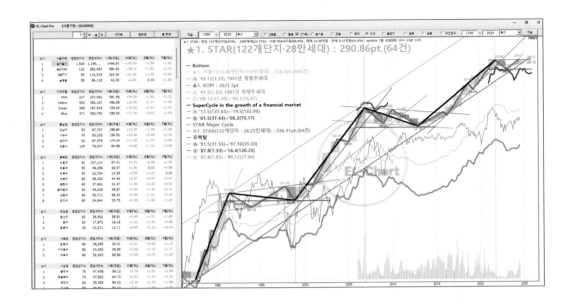

물론 필요한 부분만 "무대뽀 상승 논리"에 끌어다 쓰기에는 더할 나위 없이 좋지만 정작 본질을 파악하려면 직접 데이터를 가공해 사용하길 권하는 바이다.

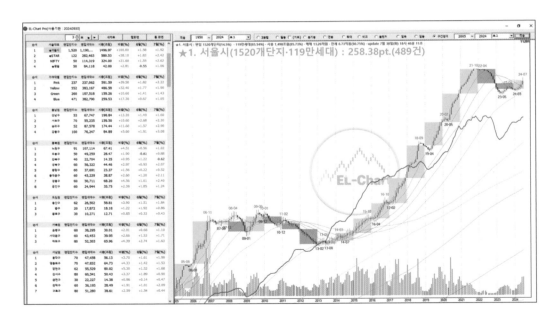

그중에서도 서울아파트 전체 흐름을 파악하려면 서울아파트 종합 지수를 봐야 한다.

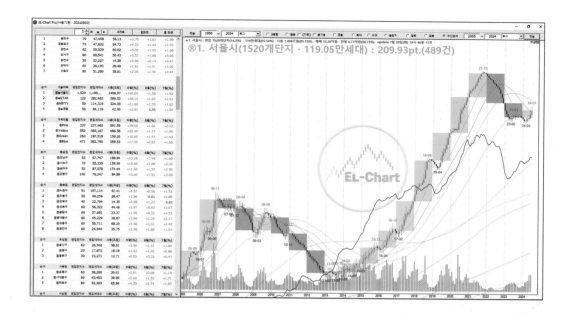

    만약 서울아파트의 중요한 변곡점을 파악하려면 STAR 실질지수를 봐야 한다. 여러 지수를 산출하며 시행착오 끝에 얻은 결론이다.

20

축구의 나라 '스페인'을 보면
서울아파트가 보인다!

"소름주의" 버블붕괴 직전의 1991년 일본과 2006년 스페인, 그리고 2021년 한국의 통계수치는 너무나도 똑같다!

엘리엇TV
구독자 5.25만명

혜택 보기   분석   동영상 수정

👍 4.2천   👎   ↗ 공유   📢 홍보하기   ⬇ 오프라인 저장   ⋯

조회수 123,376회 2021. 8. 11.   #버블붕괴 #잃어버린20년 #서울아파트폭락

　서울아파트 2021년 상투론을 펼치던 필자는 상투 직전인 8월, 외국의 사례를 들어 그 가능성이 높다는 것을 주장한 영상을 올린 적이 있다. 이 영상은 12만 뷰를 넘어 필자가 유튜브를 시작한 이후 지금까지도 가장 높은 조회수를 기록하고 있다. 지금도 "성지순례" 왔다고 댓글이 달리곤 한다. 물론 이 내용은 3년 전 필자의 저서에 담겼던 내용이었다.

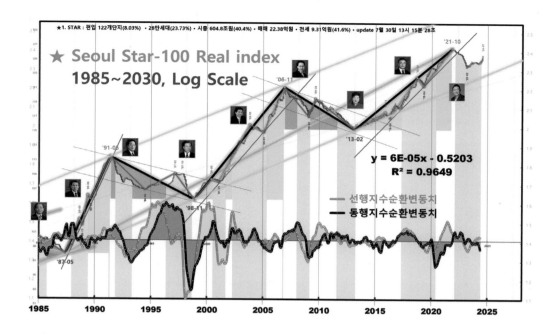

대부분의 부동산 전문가들은 우리나라 서울아파트 흐름을 내부 요인에서 주로 찾는다. 필자도 짧은 시간이었지만 부동산 공부를 하며 그 범주 안에서 답을 찾고자 노력을 많이 하였었다. 그러던 중 외국의 사례를 집중적으로 조사해 보기 시작했다. 우리보다 먼저 부동산 침체를 겪었던 나라 중 부동산에 밀접한 영향을 미치는 인구와 대출 2가지를 집중적으로 각 나라의 부동산 상투 시점에 연결시켜 본 것이다.

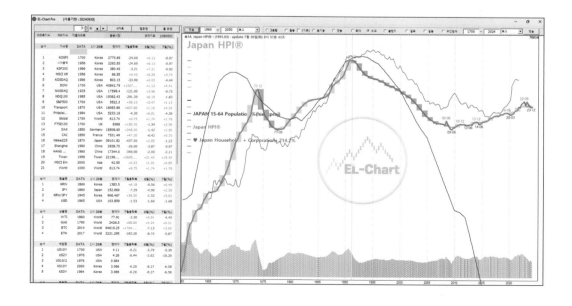

우선 부동산 버블붕괴 하면 가장 먼저 떠오르는 나라가 일본이다. 1991년 일본의 버블 붕괴 고점은 우리나라의 노태우 상투와도 일치한다. 인구 데이터는 OECD 홈페이지에서 생산가능인구로 구분된 15~64세의 자료를 구했고 실질주택 가격지수와 대출 관련 자료는 BIS 홈페이지에서 가계부채와 기업부채로 구분된 민간부채 자료를 구했다.

1991년 1분기 일본의 부동산 상투 시기는 일본의 생산가능인구 비율이 최고점에 다다르기 직전이었고 GDP 대비 민간부채는 200%를 넘겼고 이후에도 3년 정도 더 늘어나 214%까지 증가했다. 일단 생산가능인구 비중이 최고조일 때와 민간부채가 200% 넘어가는 순간이 일본의 경우에서는 부동산 상투라는 것을 확인할 수 있었다.

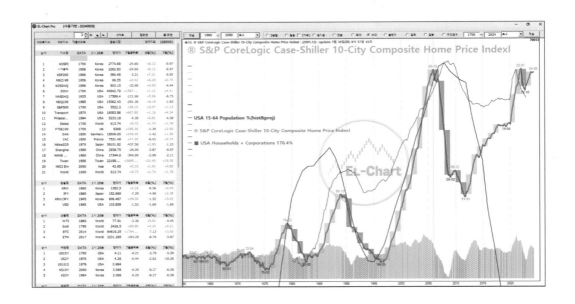

2008년 서브프라임모기지 사태 직전의 미국 주택가격지수는 2년 전 상투를 찍고 폭락하면서 발생했다. 당시 급증하던 미국의 생산가능인구 비중도 이후 급감을 시작했다. 서브프라임 사태가 부채 문제로 발생했다는 것을 감안하면 당시 GDP 대비 민간부채 비중이 170% 정도 선이 최고점이었다는 것은 일본의 사례에 비추어 조금 의아한 사실이었다.

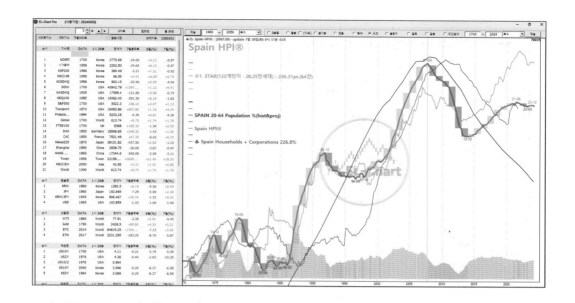

2008년 미국 서브프라임 사태 여파로 유럽 주택 시장도 무너졌을 무렵, PIGS 국가 중 하나인 스페인은 우리나라와 경제 규모나 인구 수, 국토의 형태 등 비슷한 점이 많은데 다른 유럽 국가에 비해 부동산 문제가 특히 우리나라와 흡사한 모습을 보였다. 서브프라임 사태로 미국에 이어 스페인도 뒤를 따라 2007년 주택가격지수가 상투를 치고 무너지던 시점의 생산가능인구 비중도 최고점이었으며 GDP 대비 민간부채도 200%를 넘기는 순간이었다. 미국보다 스페인이 일본이나 우리나라와 비슷한 상황이었다.

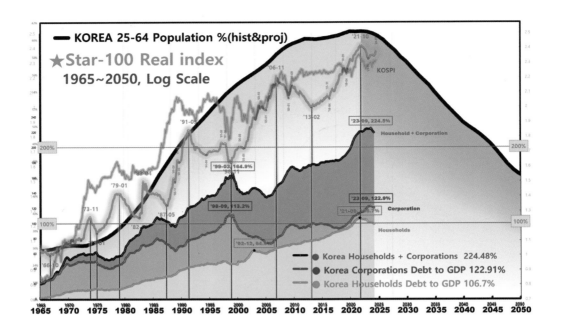

서울아파트 매매가 지수와 인구, 민간부채 등의 자료를 구해 인구추계분까지 포함해 외국의 과거 사례를 대조해 보았다. 우리나라의 군대를 다녀온다는 차이점을 감안해 아파트 구입가능 생산가능인구로 25~64세 인구 비중을 선택했다. 우리나라 생산가능인구의 최고점은 2021년이었으며 공교롭게도 그 해에 GDP 대비 민간부채 비중이 200%를 넘던 때다. 2021년이 30년 전의 일본과 15년 전의 미국, 스페인의 상황과 거의 복사하듯 비슷한 상황인 것이다.

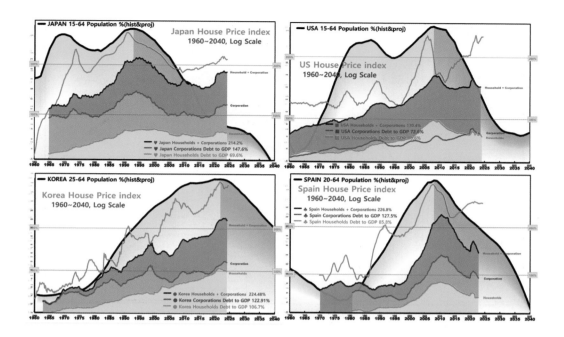

이번엔 4개국 그래프를 동시에 비교해 보았다. 상하좌우 거의 흡사한 모습이다. 그렇다면 이들이 겪었던 주택 가격 폭락이 우리에도 찾아올 확률이 높다는 것이다. 특이한 점 2가지는 민간부채 중 버블붕괴 당시 일본의 민간부채 중 가계 부분은 70% 정도였던 반면 기업의 부채가 147%를 넘었다. 즉 기업이 부동산 투기를 했다는 것이다. 미국의 부채 상황은 일본과 정반대로 기업 부문은 60% 수준이었던 반면 가계 부문이 100%에 근접하며 서브프라임 사태가 벌어진 것이다. 또한 당시 스페인의 부채 상황은 미국이 아닌 일본과 거의 흡사해서 가계 부문이 80% 정도였던 반면 기업 부문이 126%를 기록했다. 공통점은 민간부채가 200%를 넘었거나 가계부채가 100%에 근접했다는 것이며 부동산이 상투를 찍고 무너진 이후에도 3-4년간 부채는 더 늘었다는 것이다.

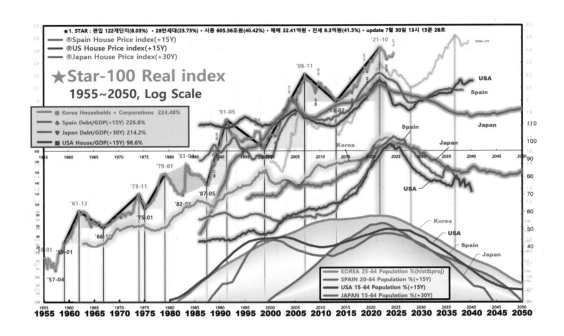

이를 모두 한 차트에 표시해 보면 30년 전의 일본과 15년 전의 미국과 스페인, 그리고 현재의 우리나라 상황이 얼마나 위험한지 보인다. 걱정되는 것은 우리나라도 2021년 서울아파트가 상투를 친 이후에도 3년 넘게 부채가 더 증가하고 있다.

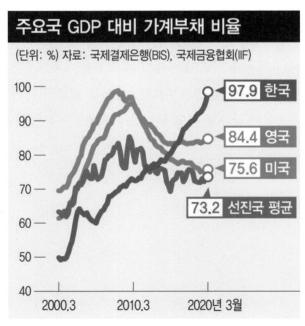

특히 살펴본 3개국과는 달리 2021년 상투를 칠 당시에 우리나라는 220%를 넘긴 민간부채 중 가계와 기업이 모두 GDP 대비 100%를 넘고 있었다는 것이다. 즉 다른 나라와는 달리 기업과 가계가 "쌍으로" 위험하다는 것이다.

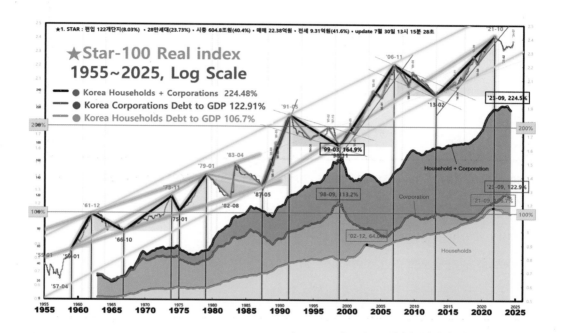

1960년대 중반 이후의 우리나라 민간부채의 증가 추이를 도식화한 장기시계열 차트를 보면 가계부채와 기업부채의 증가속도 차이를 볼 수 있다. IMF를 겪을 당시 113%였던 기업부채가 급속도로 감소하면서 이후 그 감소분을 가계가 메우며 민간부채는 다시 급증을 지속했다.

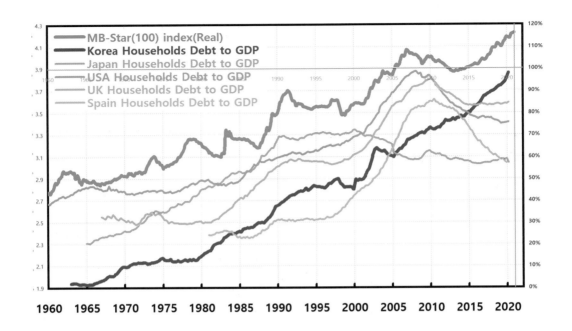

그런데 서브프라임 사태 이후 가계부채를 구조정했던 선진국과는 달리 우리나라는 오히려 100%를 넘기에 이르렀던 것이다.

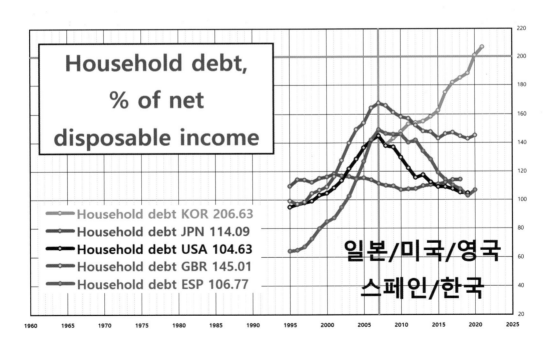

특히 가계부채를 GDP가 아닌 가처분소득 대비 비중으로 비교하면 2007년 이후 우리나라가 얼마나 감당하기 어려운 부채 상황까지 왔는지 매우 심각한 상황이다.

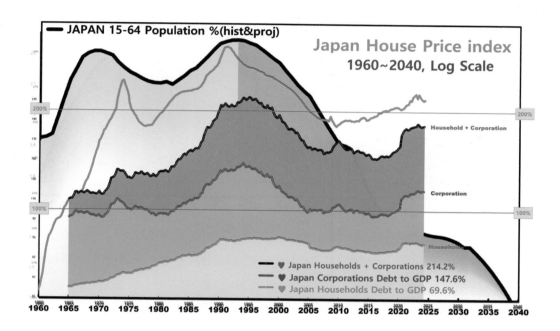

위 차트는 3년 전 책에 실렸던 것인데 30년 전의 일본 생산가능인구와 가계부채 등 지난 3년간의 데이터를 업데이트한 것이다.

만일 우리나라가 인구통계학적으로 30년 전의 일본과 같은 길을 걷게 된다면 1991년 일본의 버블붕괴처럼 우리나라도 2021년부터 서울아파트의 붕괴가 시작될 것이라던 주장이 정확히 들어맞은 것이다. 따라서 현재의 서울아파트 흐름은 8년 대세하락이 끝나지 않았다는 주장을 뒷받침해 주는 것이라 생각된다.

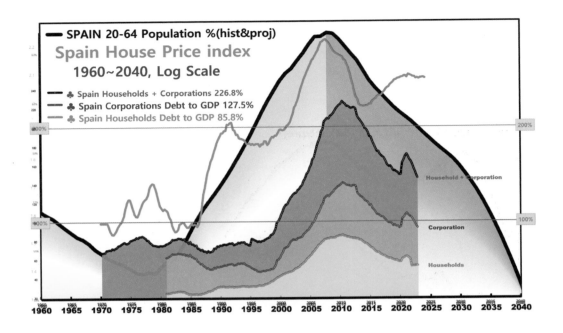

이제까지 살펴본 자료를 바탕으로 그럼 30년 전의 일본을 따라 우리나라도 잃어버린 20년이 오는 거 아니냐 반문하는 사람도 있을 것이다. 필자도 처음엔 그런 생각을 했었으나 일본이 아닌 스페인 모델을 따라갈 것으로 예상하고 있다. 위 차트도 30년 전의 스페인 생산가능인구와 가계부채 등 지난 3년간의 데이터를 업데이트한 것이다.

스페인과는 15년 전인 2007년뿐만 아니라 그 이전의 1986년 저점 이후의 서울아파트 흐름과 복사해 붙인 듯 너무나도 똑같다. 따라서 앞으로도 스페인 주택 가격 흐름을 따라갈 확률이 매우 높으며 스페인이 상투 8년 후인 2014년 저점을 만든 것까지 계산하면 필자의 서울아파트 2028년 저점 주장에도 정확히 부합된다. 즉, 스페인을 보면 서울아파트의 미래가 보인다!

21

서울아파트
'8년 파동'과 '엘리엇 15년 주기설'

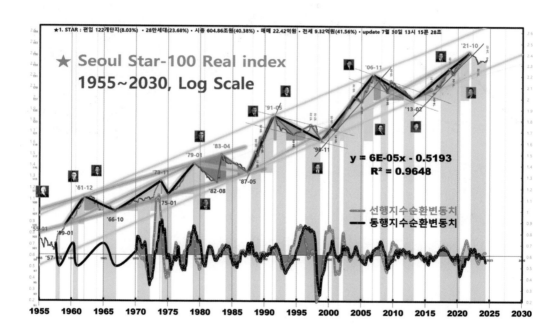

우리가 가장 대표적으로 꼽는 경기순환주기는 바로 '경기동행지수 순환변동치'에 의해 통계청에서 발표하는 경기순환주기다. 위 차트는 1970년부터 통계청에서 발표하는 경기순환주기 사이클에 필자가 과거에 어떤 경제 서적에서 구한 1970년 이전의 데이터를 합성한 자료이다. 여기에 필자가 개발한 서울아파트 대표 지수인 STAR-100 실질지수를 비교한 것으로 파란색 음영 부분이 통계청에서 구분한 60년간의 불황기(Recession) 구간이다.

여기서 특이한 것은 예상외로 서울아파트 대폭등기가 경제불황기와 겹친다는 것이다. 1988년 노태우 정부 출범 직후의 대세상승 초반에도 장기간의 경기침체기가 시작됐었고 2000년대 초반 노무현 정부 시절 장기간의 불황기에 버블세븐이 폭등했던 것도 그랬다. 문재인 정부 시절인 2017년 5월 이후 역대급 최장기 불황기에도 서울아파트 폭등을 체험했음이 그 증거다.

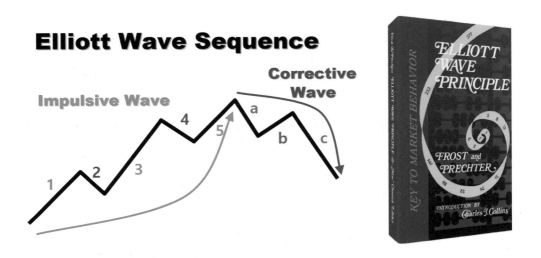

필자가 주장하는 여러 가지 근거는 대부분 엘리어트 파동 이론과 관련이 깊다. 상승 3파와 조정 2파를 반복하는 사이클을 구분해 보면 서울아파트처럼 15년 주기 안에서 8~9년 또는 6~7년의 단기파동으로 구성되는 경우가 많다.

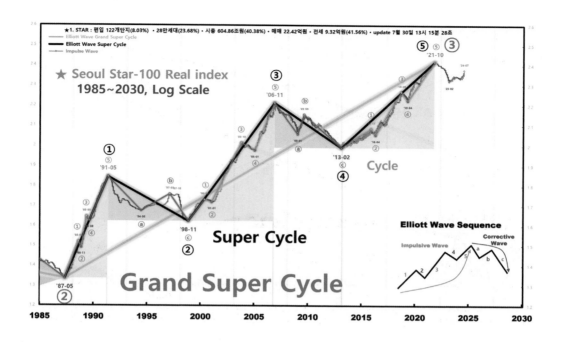

엘리어트 파동 이론과 관련하여 경제적인 요인 외에도 서울아파트값의 변곡점을 결정짓는 몇 가지 요인 또는 현상을 발견하였다. 필자가 3년 전 주장했던 "15년 주기설"이 그것으로 보통 8+7=15형태의 변형으로 진행되었다. 위 차트는 34년 동안의 서울아파트 사이클에서 지금까지 있었던 3차례의 고점과 2차례의 저점 사이에는 모두 15년이라는 사이클이 존재한 것을 나타내 준다.

1991년 고점으로부터 15년 후인 2006년과 그로부터 또 15년 후인 최근의 2021년 고점이 그것이다. 고점뿐만 아니라 1998년 저점과 15년 후인 2013년의 저점 사이에도 15년의 사이클이 존재해 상당히 규칙적인 흐름을 보여주고 있다. 그렇다면 향후 나타날 저점은 2013년의 15년 후인 2028년으로 추정해도 충분히 가능한 이야기다.

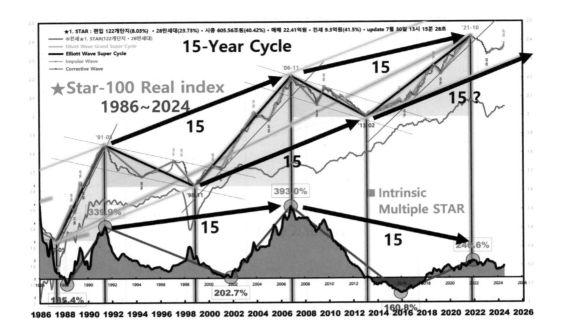

전세가와 매매가의 관계에서도 15년 주기설은 적용된다. 서울아파트 34년간의 등락에서 전세가에 대한 매매가 비율을 시계열로 구해보면 높낮이는 다르지만 마치 주기함수처럼 등락을 반복하였는데 그 고점 주기도 15년이었다. 특이한 것은 고점은 모두 매매가율 고점과 일치했지만 저점은 3년 정도 늦은 래깅 현상이 있었는데 이때 저점이 2001년과 2016년이라 그 주기도 15년이었다는 것이다.

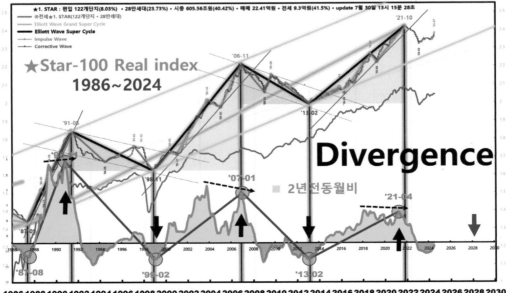

서울아파트지수 차트 내부적으로도 15년 주기를 찾을 수 있는데 "2년전동월비"가 그것
이다. 차트에서 보듯 1991년과 2006년, 2021년에도 2년 전 동월비의 피크에 고점이 출현한
것이다. 물론 그만큼 오랜 기간 급등을 했기에 고점에서는 2년 전의 상승률을 못 따라가
며 생긴 현상으로 이해된다.

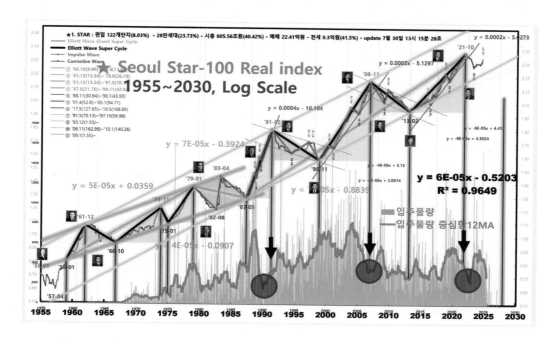

또 한가지 신기한 사실은 입주 물량 15년 주기다. 이미 언급했듯이 정확히 일치하진 않
았지만 1991년 대상투도 입주 물량이 급감하며 바닥을 친 몇 개월 후였고 2006년 말의 고
점은 정확히 입주 물량의 최저점이었다. 이번 고점인 2021년 10월도 입주 물량이 급감하며
40년 만의 최저치를 깨고 내려가던 때였는데 이후 시장이 급락하자 비로서 입주 물량이
늘어나기 시작했다. 그러나 이 현상은 우연히 생긴 것이 아니라 상승장의 후반부에 급등
한 매매가와 분양가 탓에 따라올 수요가 줄어들자 수익성 악화를 걱정한 건설사가 인허가
신청이나 착공을 줄이고 이러한 상황이 시차를 두고 나중에 시장에 반영되기 때문으로 보
인다.

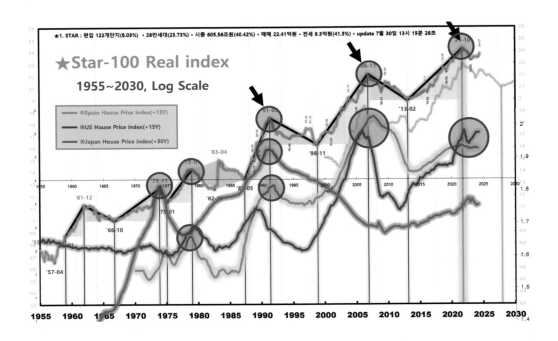

그리고 이러한 15년 주기는 우리나라만이 아닌 외국에서도 관찰되는데 버블붕괴 직전 1991년의 일본과 서브프라임 사태 직전 2006년 전후의 미국과 유럽, 그리고 최근 2021년 전후 무너지기 시작한 중국의 부동산 시장에서도 비슷한 15년 주기가 관찰된다.

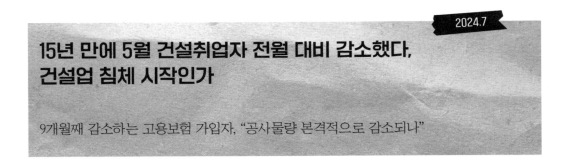

서울아파트 시장에서 15년 주기가 나타나는 현상은 단지 기술적인 사이클만이 아니라 그 주기에 맞는 사회경제적으로 비슷한 현상이 반복되기에 당연한 현상일 지도 모른다. 마치 지난 7월에 보도된 "15년 만의 5월 건설취업자 감소"라는 뉴스가 그런 예이다. 최근 "15년 만에"라는 수식어가 붙은 기사를 자주 접하게 된다. 15년 전이면 2009년으로 서브프라임 사태로 폭락하던 서울아파트 시장이 지금처럼 급반등하던 때이다.

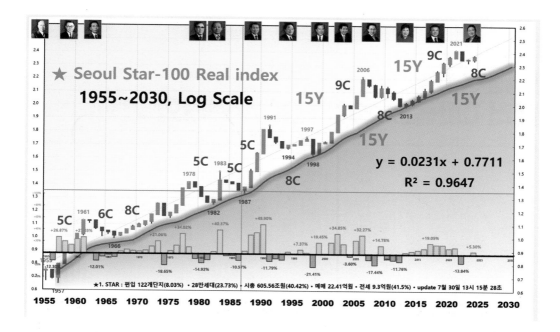

필자가 1955년 이후 70년간의 서울아파트 15년 주기를 연구하다 우연히 발견한 것 중 마지막으로 하나 강조하고 싶은 것이 있다. 바로 연봉의 "15년 이평선"이다. 1958년 종암아파트를 시작으로 서울에 아파트가 들어서기 시작했는데 15년이 지난 1970년대 초반부터 아파트는 폭발적으로 늘어났다. 이때부터 15년 이평선이 존재하게 되는데 그 이후 현재까지 중요한 국면마다 이 15년 이평선이 매우 중요한 역할을 해왔다.

1982년의 저점과 1987년의 저점, 1998년의 저점과 2013년의 저점에서 단 한 번도 예외가 없이 지지선 역할을 했으며 이 지지선을 디딤돌 삼아 서울아파트는 폭등을 하며 대세 상승파를 만들었다. 그럼 필자의 주장처럼 2025년부터 2차 폭락장이 온다면 이번에도 15년 이평선에서 그러한 현상을 기대해 볼 수 있다. 시뮬레이션으로 15년 이평선을 미리 그려본 결과 대충 그 시점이 2028년쯤 된다.

22

노태우 1파, 킬러 C파동의 2028년은 41년만의 기회!

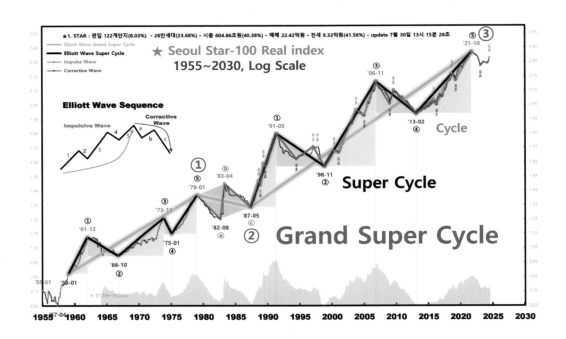

필자가 예상하는 앞으로의 서울아파트 시장 최저점은 짧게는 2006년 이후의 조정 4파 기간을 적용한 2028년 초이며 길게는 1991년 이후의 조정 2파를 적용한 2029년 초다. 아마도 그사이 어디에선가 최저점이 만들어지고 재차 새로운 상승파동을 만들며 대장정을 시작할 듯하다.

필자는 오래전부터 장기 시계열 데이터를 구해 금융 시장에 엘리어트 파동을 적용해 보곤 했는데 마지막 챕터에서는 부동산 시장에 영향을 줄 만한 세계 금융 시장의 흐름에 필자가 나름대로 적용한 엘리어트 파동 이론을 소개하겠다. 올해 또는 내년에 벌어질지도 모르는 거시적인 위험을 미리 대비해 놓는다면 그 위험을 현명하게 극복할 수 있지 않을까 해서이다.

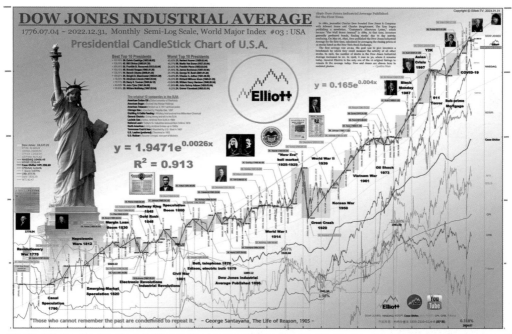

위 차트는 20년 전 회사 투자설명회 때 고객에게 배포하기 위해 처음 만들었던 1770년 이후 미국증시 250년 역사 브로마이드다. 2021년 유튜브를 시작하고 연말에 구독자 배송 이벤트에 재활용했던 것으로 EL-Chart 프로그램 내부에 원본 그림 파일이 올라가 있다.

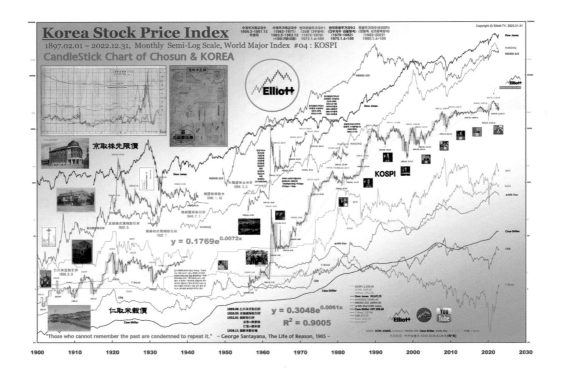

이 차트도 1900년 이후 인천미두취인소와 경성현물취인소부터의 120년간 주가지수 브로마이드이다. 자산 시장 중 경제를 가장 민감하게 반영하는 것이 주식시장인 만큼 서울아파트 시장에도 이를 잘 응용할 수 있을 듯하다.

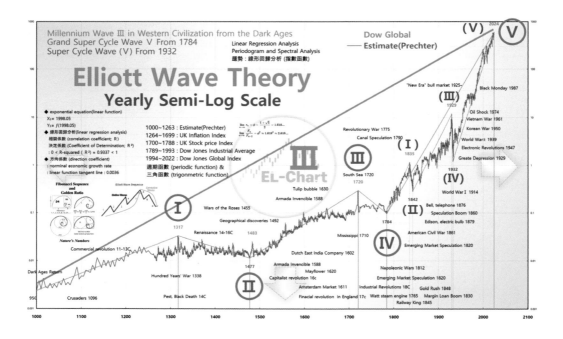

위 차트는 중세암흑기 이후의 서양 세계의 "1천 년 파동"이다. 1260년 이후는 실제 영국 주식 시장 지수 연봉이고 1780년 이후는 미국 주식 시장의 연봉, 1990년 이후는 다우존스 월드인덱스 연봉이다. 필자가 여러 시행착오를 거쳐 카운팅한 파동은 1천 년간의 5개 파동이 마감하는 올해나 내년 또는 늦어도 몇 년 안에 세계 증시가 큰 변곡점을 맞을 수도 있겠다는 생각이다.

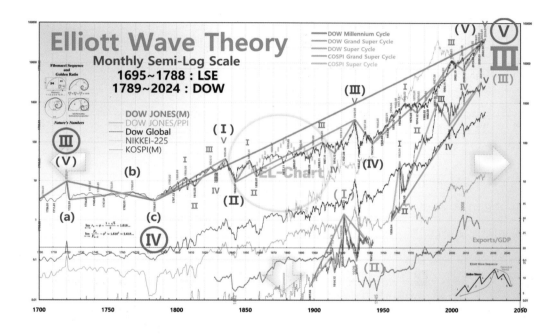

1700년 이후의 320년 월봉을 보면 1784년 이후 만들어진 5파동이 몇 년 안에 끝나는 것으로도 보인다. 이 파동 속에는 우리나라 증시도 포함된다.

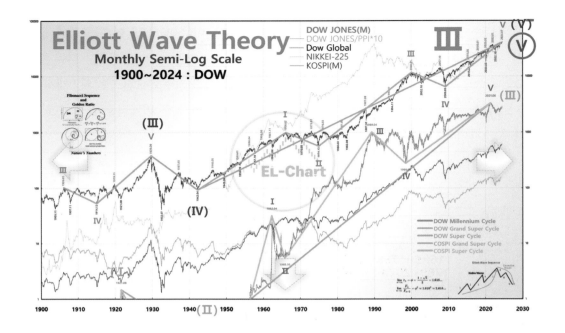

좀 더 세밀히 1900년 이후 120년간의 세계 증시를 살펴보면 서브프라임 사태로 바닥을 치고 올라가는 마지막 하위 5파동의 수명이 오래 남아있지 않아 지난 수년 동안의 자산 시장 버블붕괴 이후를 대비해야 할 듯하다.

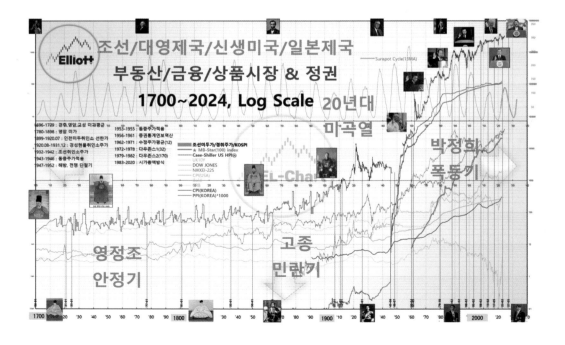

우리나라도 1700년대 영정조 이후 300년간의 자산 시장의 흐름을 보면 현재의 국면이 매우 위험한 상황으로 보인다.

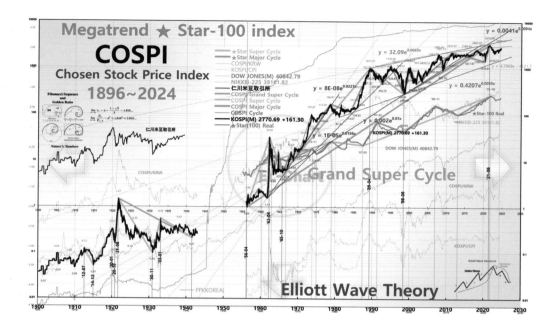

일제강점기 인천미두시장과 경성현물취인소가 강제청산되며 중단되었던 우리나라 주식시장은 해방 이후 1956년 3월 재개장한 대한증권거래소에서 시작해 대세상승파동을 그려왔다.

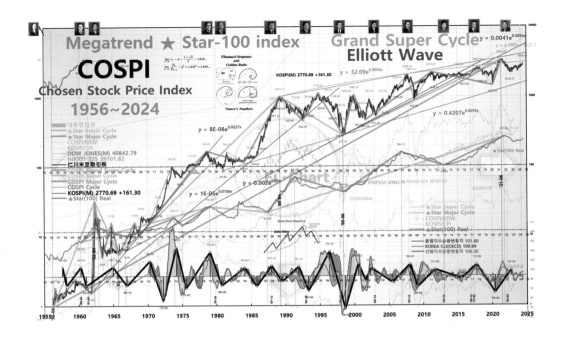

필자가 계산하고 있던 그때부터의 파동카운팅으로는 2021년 6월 25일의 3,316pt.가 대상투로 판단되었다.

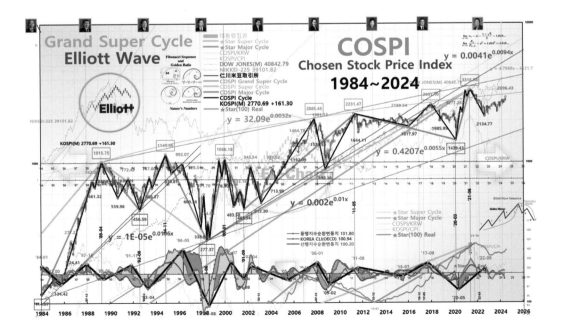

생산가능인구가 감소하기 시작하는 2021년에 코스피가 상투를 칠 것이라는 판단으로 필자는 아파트를 판 돈으로 5월 코스피 대세하락에 배팅했다. 아파트를 팔아 생긴 수익금 중 상당 부분을 코스피 3300pt.에 곱버스, 환율 1,109원에 달러를 매수했다. 그 과정과 진행 상황을 매일 유튜브에 생중계하다시피 했으며 지난 6월 초, 본 저서를 집필하기 위해 중단하기까지 투자클럽을 운영하며 3년간 42%의 수익을 기록했다. 연율로 따지면 그리 높은 수익률은 아니나 금액이 컸고 시장에 역베팅을 하여 얻은 성과라 나름 만족한다.

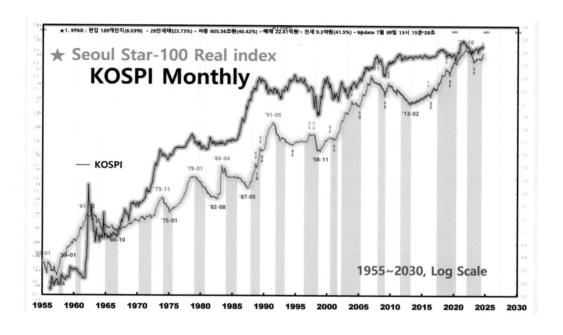

위에 보이는 차트는 1956년 대한증권거래소가 출범하고 2년 후 최초의 종암아파트가 준공된 1958년부터 KOSPI와 서울아파트 실질지수를 하나의 차트에 표시한 것이다. 지난 70년간 큰 흐름은 거의 비슷한 궤적을 그려 왔으며 중요한 변곡점마다 증시가 먼저 꺾인 후 아파트값이 꺾이곤 했다. 물론 바닥 국면에서의 터닝포인트는 대체로 일치했다. 그리고 주식과 아파트값의 변곡점은 시간이 흐르며 시차가 점점 좁혀지고 있다.

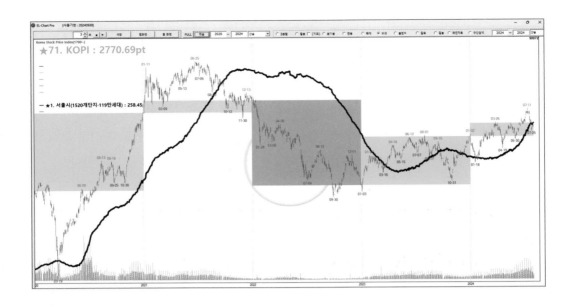

　최근의 사례를 돌아보면 2021년 6월 코스피는 3,316pt.로 역사적인 상투를 찍고 급락했으며 이후 4개월 후인 2021년 월고점 기준 10월, 일종가 기준 12월 7일에 서울아파트 실거래가지수도 역사적인 고점을 찍고 현재까지 3년 여간 두 지수는 모두 조정국면 하에 있다. 이후의 두 지수 흐름은 보다 작은 파동을 만들며 등락 중인데 이 책을 마감하는 7월 말 기준으로는 지난 11일에 코스피가 단기고점을 만들며 조정 중이다. 만일 이번에 코스피가 단기고점을 넘어 중장기 고점으로 확정이 된다면 서울아파트도 뒤를 이어 서울아파트도 조만간 반등의 고점을 형성할 가능성도 있다.

　그런데 2013년 이후 2021년까지 9년 상승의 시차가 월간 4개월, 일간 6개월이었다면 2021년 이후의 3년이 지난 현재의 시차는 그보다는 훨씬 작을 가능성이 높다. 1989년 코스피 상투와 1991년 서울아파트 상투 시차는 2년이었고 그 이후 현재까지 두 지수 간의 시차는 계속 좁혀지고 있는데 아마도 과거에 비해 부동산에 "대출"의 비중이 커지면서 금융이라는 공통 분모가 생겨 이러한 현상이 발생하는 듯하다.

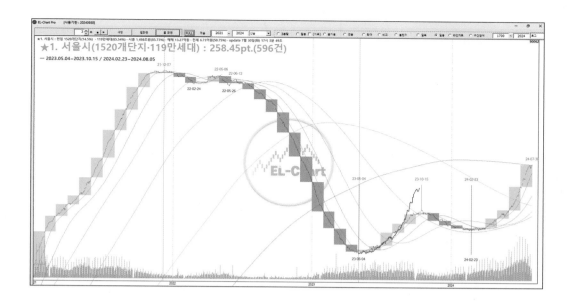

    필자가 염두에 두고 있는 서울아파트의 반등 고점 시나리오는 대략 3가지다. 첫 번째가 작년의 1차 반등과 올해의 2차 반등 기간에 파동반복의 법칙을 적용했을 시 164일의 반등 기간이 마무리되는 시점은 8월 5일이다. 실거래가 신고 기한을 감안하면 그 부근의 고점 여부가 확인되는 때는 9월 이후인데 이 책이 나온 후에는 확인이 가능할 듯하다. 그런데 신고 기한이 한달이나 남은 7월의 거래 건수가 5천 건을 넘은 상태고 최종적으로는 1만 건에 육박할 것으로 예상되고 이번 반등장에서 가장 큰 월간상승률을 기록하고 있기에 이 기세라면 2차 반등의 고점은 이보다는 더 늦어질 가능성이 커 보인다.

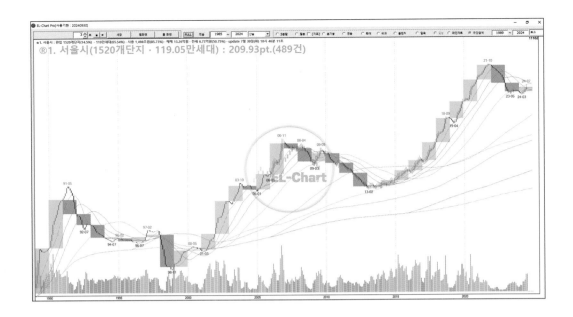

두 번째 시나리오는 2021년 10월 상투와 3년 대칭이 되는 올해 10월 어느 날이다. 이미 상투로부터 2년이 되던 작년 10월에도 단기 고점이 있었다. 2009년 반등 때도 서울아파트 실거래가 실질지수는 버블세븐 상투 이후 정확히 3년 만에 쌍봉을 만들고 이후 3년 연속 폭락했었다. 그리고 1991년 5월 상투 이후에는 3년 연속 하락 후 1994년 6월에 중간 바닥을 만들었다. 3년이라는 기간은 사람의 심리에 큰 영향을 미치는 것 같다. 필자가 그 가능성을 가장 크게 보는 것이 바로 이 두번째 10월 시나리오다.

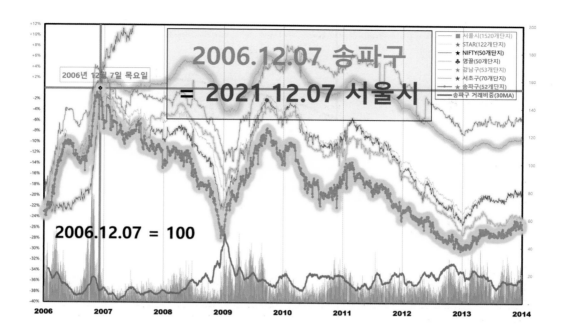

2006.12.07 송파구
= 2021.12.07 서울시

2006년 12월 7일 목요일

2006.12.07 = 100

세 번째 시나리오는 연말까지 반등을 지속하다 12월에 고점을 만드는 것이다. 과거 중요한 상투가 모두 연말에 있었기 때문인데 2006년 STAR 지수 노무현 상투는 11월 16일이었고 2021년 종합 지수 문재인 상투는 12월 7일이었다. 신기한 것은 2006년 버블세븐 당시의 주역이었던 송파구 지수의 상투 시점이 12월 7일이었는데 서울의 2021년 상투도 12월 7일이라는 것이다. 우연인지 필연인지 신기할 따름이다.

세 가지 시나리오 중 10월이든 12월이든 그 이후의 공통적인 흐름은 강력한 조정 C파가 시작될 가능성이 높다는 것이다. 그러나 현재의 시장이 반등을 지속하여 올해를 넘기고 내년 초에도 변곡점이 안 나타난다면 이번 반등파에 대한 재점검과 여러 가지 수정도 하여야 할 것이다.

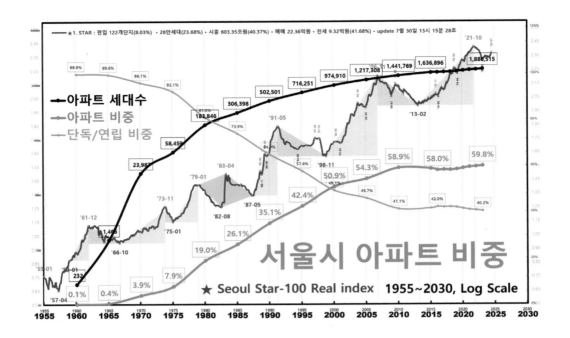

서울에 아파트 비중이 30%를 막 넘던 1987년 5월, 노태우 대세상승 1파가 시작되었다. 두 번의 큰 조정을 거치며 34년간 상승하던 서울아파트는 결국 2021년 10월 그 수명을 다하고 현재는 8년 조정장에 진입했다는 것이 필자의 일관적인 주장이다.

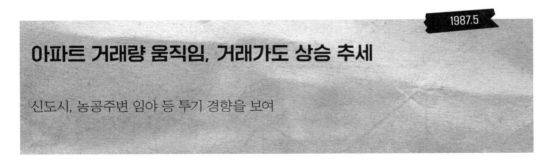

서울아파트뿐만 아니라 전국 아파트의 그랜드 슈퍼사이클 1파가 시작되던 1987년 5월의 기사다. 1979년부터 8년간 기나긴 조정장을 거친 후 드디어 새로운 상승파가 시작되던 때의 기사 제목은 "아파트 거래 꿈틀"이었다. 아주 평범했던 기사 제목 하나가 34년간의 대세상승 신호탄이었던 것이다. 필자도 2028년 즈음에 바닥이 온다면 아마도 저런 평범하고 별거 아닌 제목으로 시작될 것이라 생각한다. 2028년 서울뿐만 아니라 전국이 동시에 바닥을 친다면, 또 다른 "노태우 1파"가 시작되기 전의 킬러 C파동은 위기이자 41년 만의 기회다!

23

(부록) EL-Chart 프로그램 설치 방법 및 1개월 무료 이용권

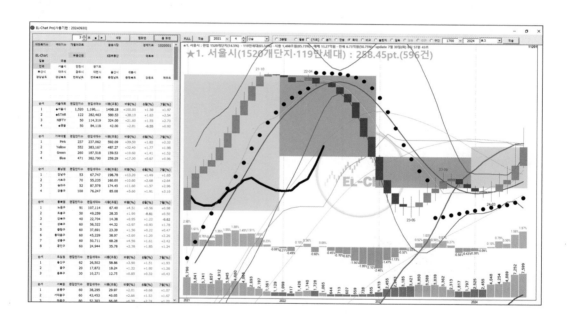

"EL-Chart"는 유튜브 멤버십 회원분들을 위해 만든 것인데 본 서적을 구입한 분들이 책의 내용을 보다 잘 이해할 수 있도록 1개월간 무료로 제공된다. 프로그램 설치 및 가입방법은 아래와 같다.

네이버 카페에서 "엘리엇TV"를 검색 후 첫 화면에 보이는 설치파일 코너에서 압축 파일을 다운받아 설치한 후 아래의 내용대로 가입하면 된다.

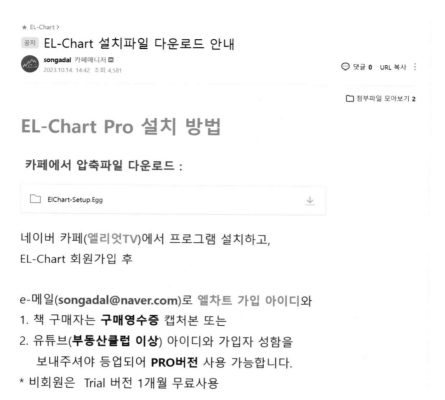

★ EL-Chart ›

공지 EL-Chart 설치파일 다운로드 안내

songadal 카페매니저 Ⓜ
2023.10.14. 14:42 조회 4,581

💬 댓글 0 URL 복사 ⋮

📁 첨부파일 모아보기 2

EL-Chart Pro 설치 방법

카페에서 압축파일 다운로드 :

📁 ElChart-Setup.Egg ⬇

네이버 카페(엘리엇TV)에서 프로그램 설치하고,
EL-Chart 회원가입 후

e-메일(**songadal@naver.com**)로 엘차트 가입 아이디와
1. 책 구매자는 **구매영수증** 캡처본 또는
2. 유튜브(**부동산클럽 이상**) 아이디와 가입자 성함을
   보내주셔야 등업되어 **PRO버전** 사용 가능합니다.
* 비회원은 Trial 버전 1개월 무료사용

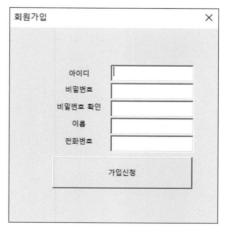

가입 초기에는 Trial 버전만 사용 가능하고 등업이 된 후에야 PRO 버전을 사용할 수 있다.